商業経済検定模擬試験問題
1・2級　ビジネス経済Ａ

解答編

第1回　模擬試験問題解答　（各2点）

1	問1	問2	問3	問4	問5	問6	問7
	エ	経済政策	ウ	ア	ウ	イ	イ

2	問1	問2					問3	問4					
	ウ	金融	ビ	ッ	グ	バン	ウ	金融	派	生	商	品	
								(デ	リ	バ	ティ	ィ	ブ)

3	問1	問2					問3		問4	問5
							A定食	B定食		
	エ	需要の	所	得	弾	力 性	2.4	4.0	イ	ウ

※問3はA定食・B定食完答で2点。

4	問1	問2	問3
	60　万台	ア	イ

5	問1	問2	問3	問4
	イ	ウ	ア	イ

6	問1	問2	問3
	イ	ウ	ア

7	問1	問2	問3
	ア	ウ	ア

8	問1	問2	問3	問4
	6,270	240×4＋360×5＋480×7	2　％	2.45　％

9	問1	問2				問3	問4
	8,017万5,000人	労	働 参	加	率	イ	ウ

10	問1	問2	問3
	ア	ウ	イ

11	問1	問2	問3
	イ	①	短 観

12	問1				問2
	財政の	硬	直	化	ア

13	問1	問2
	ウ	ア

14	問1	問2	問3				
	イ	ア	取	り	付	け	騒動

（　）内は別解。

第1回　模擬試験問題の解説

1

解説　問1．すでに「ビジネス基礎」で習ったと思うが，経済主体には家計・企業・政府（財政）の3種類がある。ここで問われている「家計」は，私たちの家庭を，消費行動を行う経済主体としてとらえたものなので，　①　には「消費者」が入る。一方，経済学では「企業」を生産者としてとらえる。つまり，農家や漁師，製造業者はもちろんのこと，商業に従事する流通業者やサービス業者も価値の生産者としてとらえているのである。ただし，「商業は生産か？」という問いに対して，歴代の経済学のうち，重農主義とマルクス主義はこれを否定し，重商主義はもちろん肯定していた。さらに，古典派経済学は弱く肯定し，ドイツ歴史学派は間接的に肯定していた。ちなみに，「ビジネス経済A」が科目としての基礎を置く近代経済学では，この問題に言及していないが，現実的には肯定していると考えられる。こうした経緯はともかく，　②　には「生産者」が入るので，正解は選択肢の**エ**ということになる。

問2．マクロ経済学では，国の豊かさや政府の役割に注目して，経済社会全体の動きについて考える。この場合の政府の役割とは，経済の舵取りであり，具体的には望ましい**「経済政策」**の立案と実施のことである。

問3．新古典派モデルでは，貨幣は財市場の均衡（国民所得の決定）に影響を与えないと考えるため，貨幣市場の分析は行わないが，近代経済学のケインズモデルでは，財市場（生産物市場）・貨幣市場・労働市場の三つを分析する。一方，三つの選択肢のうち，アの「証券」とは，有価証券のことであり，具体的には株券や公社債券などのことなので，その市場は貨幣市場の一部分にすぎない。また，イの「金融」とは，資金を融通する行為なので，取引の対象物を基準とした分類にはなじまない。以上のことから，正解は選択肢の**ウ**ということになる。

問4．本文の第一・第二段落には，経済学に変革をもたらした限界効用理論の経緯が簡潔にまとめられているが，下線部(a)の「限界効用」とは，消費者が新たに追加して消費した1単位の財から得られる満足度の増加分のことである。したがって，正解は選択肢の**ア**である。

問5．下線部(b)の「一般均衡理論」においては，価格（均衡価格）は需要曲線と供給曲線の交点で決まるとされるので，正解は選択肢の**ウ**となる。

問6．下線部(c)の「ゲームの理論」は，数学者フォン・ノイマン（John von Neumann）が経済学の世界に持ち込んだものであるが，その後，この理論を駆使することでノーベル経済学賞を受賞した学者は少なくない。例えば，1994年には「ジョン・F・ナッシュ」，ラインハルト・ゼルテン，ジョン・C・ハーサニーの3名が，2005年にはロバート・オーマンとトーマス・シェリングの2名が同賞を受賞している。また，この理論に強い影響を受けた「ジョージ・アカロフ」，マイケル・スペンス，ジョセフ・スティグリッツの3人が2001年に情報の非対称性を持つ市場の分析で，同じく「アルヴィン・ロス」とロイド・シャプレーの2人が2012年にマッチング理論およびその応用であるマーケットデザインで同賞を受賞している。したがって，正解は選択肢の**イ**ということになる。ちなみに，マンデルも1999年に同賞を受賞しているが，彼の業績はゲームの理論ではなく，IS-LM理論を応用した研究であった。

問7．例えば，ナッシュは，寡占市場における少数の参加企業をゲームのプレーヤーに見立てて，彼らが提携できない非協力ゲームの均衡を分析した。そして，これにより，ゲームの理論の枠組みを確立し，経済学の発展に大きく貢献したのである。以上のことから，正解は選択肢の**イ**であることがわかるだろう。

2

解説　問1．資金の調達と運用に関して，銀行は，預金者との契約においても，借り手との契約においても，直接の当事者となるが，証券会社は，出資者と企業との間を取り持つだけで，契約の直接の当事者にはならない。したがって，正解は選択肢の**ウ**である。

問2．日本で1996年から2001年度にかけて行われた大規模な金融制度改革を「金融ビッグバン」といい，その改革3原則は，次の通りである。
- フリー（free）…市場原理が機能する自由な市場
- フェア（fair）…透明で公正な市場
- グローバル（global）…国際的で時代を先取りする市場

なお，この名称は，1986年にイギリスのロンドン証券取引所で行われた証券制度改革が「ビッグバン」と呼ばれたことにちなんでおり，それと明確に区別するため，「日本版ビッグバン」と称されることもある。また，そもそもビッグバンとは，この宇宙には始まりがあって，爆発のように膨張して現在のようになったとするビッグバン理論（ビッグバン仮説）において想定されているもので，宇宙の最初期の超高温度・超高密度の状態のことをいう。

問3．三つの選択肢のうち，アの「火災保険」は不慮の火災というリスクの，イの「入院保険」は病気やケガでの入院というリスクの配分機能を持っている。しかし，通常，どちらも保険料は掛け捨てなので，異時点間の資源配分機能は有していない。ところが，生命保険のうち，一定の保障期間を定めて，満期時に死亡保険金と同額の満期保険金が支払われる養老保険は，死亡というリスクの配分機能とともに，支払時から満期時へという異時点間の資源配分機能も有している。したがって，正解は選択肢の**ウ**である。

問4．借入れ・預金・債券売買・外国為替・株式売買といった伝統的な金融取引や，金・プラチナ・石油・穀物といった実物商品の取引，手形・クレジット・住宅ローン・自動車ローン・ショッピングローンといった債権の取引などにおける，相場変動によるリスクを回避するために開発された金融商品を，総称して「**デリバティブ（derivative）**」という。そのもとの意味は「派生したもの」なので，「**金融派生商品**」とも称される。つまり，「金融派生商品（デリバティブ）」とは，もともと異時点間の資源配分機能を持っていた従来の金融商品に，金融工学の成果を活用してリスク配分機能を持たせた多様な金融商品のことなのである。

3

解説　問1．財と財の関係のなかで，互いに代わりになるような関係にある財のことを「代替財」，互いに一緒に消費されるような関係にある財のことを「補完財」という。文中に登場する「私の父」は，「もつの煮込み」を食べながら「安価な焼酎」を飲んでいたが，所得の上昇とともに「安価な焼酎」を「値段の高い清酒」に変えた。つまり，下線部(a)の「もつの煮込み」と下線部(b)の「安価な焼酎」は補完財の関係にあり，下線部(b)の「安価な焼酎」と下線部(c)の「値段の高い清酒」は代替財の関係にあるのだ。したがって，正解は選択肢の**エ**ということになる。

問2．下線部(d)に記されている「割合」のことを需要の「**所得弾力性**」（＝｜需要の変化率÷所得の変化率｜）という。なお，所得の変化率は，所得の増加分または減少分をもとの所得で割れば求められるし，需要の変化率も，同様に需要の増加分または減少分をもとの需要量で割れば求められる。

問3．所得の変化率は－10％〔＝（450万円－500万円）÷500万円〕となる。
　　　A定食：需要の変化率は－24％〔＝（76食－100食）÷100食〕となるので，
　　　　　　　需要の所得弾力性は「**2.4**」〔＝｜（－24％）÷（－10％）｜〕と計算される。
　　　B定食：需要の変化率は40％〔＝（84食－60食）÷60食〕となるので，
　　　　　　　需要の所得弾力性は「**4.0**」〔＝｜40％÷（－10％）｜〕と計算される。
　　　ちなみに，弾力性というのは，跳ね返り（影響度）の程度（大きさ）だけを示すものなので，その方向を示す正負は考えない。計算式の右辺に絶対値記号がつけられているのはそのためである。

問4．弾力性について，あえてその方向を考えた場合，需要の所得弾力性が正になる財を正常財または上級財といい，負になる財を劣等財または下級財という。したがって，正解は選択肢の**イ**である。

問5．〔事例〕のA定食とB定食について，絶対値記号を外した計算式で需要の所得弾力性を求めると，A定食は2.4，B定食は－4.0になる。したがって，A定食は①の正常財（上級財）に，B定食は②の劣等財（下級財）に該当する。また，本文の第二段落を読むと，下線部(c)の「値段の高い清酒」は〔事例〕の「価格の高いA定食」と，下線部(b)の「安価な焼酎」は〔事例〕の「価格の安いB定食」とそれぞれ同じ性質を持っていることがわかる。したがって，正解は選択肢の**ウ**ということになる。

4

解説　問1．発問文に「25万円の価格で発売した」とあるので，導入期に関する問いであることがわかる。そこで，まず，本文から導入期の需給状況について，「需要はあまり多くない」「供給も少ない」という点を読み取る。次に，グラフ上を，縦軸の25万円の位置から右へ見ていくと，E_2とE_3，二つの均衡点に出会うので，そのそれぞれを通る需要曲線と供給曲線について検討する。

すると，需要も供給もE_2におけるよりもE_3における方が多いことがわかる。したがって，導入期の需給状況に該当するのはE_2である。最後に，この点における均衡量を横軸から読み取れば，正解の「60」万台にたどり着くことができる。

問2．導入期から衰退期にかけての需要と供給の変化を本文から読み取ると，次のようになる。
・需要：「あまり多くない」⇒「増加する」⇒「減少する」⇒「大幅に減少する」
・供給：「少ない」⇒「増加する」⇒「増加する」⇒「変化はない」

そして，これを需要曲線と供給曲線の動きとしてとらえなおすと，次のようになる。
・需要曲線：D'—（右へシフト）→D''—（左へシフト）→D'—（左へシフト）→D
・供給曲線：S—（右へシフト）→S'—（右へシフト）→S''—（動かない）→S''

さらに，これを均衡点の動きとしてとらえなおすと，「E_2→E_3→E_7→E_8」となるので，正解は選択肢の**ア**ということになる。

問3．市場において，需要量が供給量よりも大きくなり，品薄になって価格が徐々に上昇していく状態を売り手市場という。反対に，需要量が供給量よりも小さくなり，商品が売れ残って価格が徐々に下落していく状態を買い手市場という。本文の記述から，成熟期と衰退期は「どちらも買い手市場になる」（選択肢の**イ**）ことがわかる。

⑤
解　説　問1．三つの選択肢のうち，アの「再販売価格維持行為」とは，製造業者や卸売業者が，小売業者に対して，消費者への売価，つまり再販売価格を指示し，これに従わせようとするもので，現在では，書籍や新聞などの著作物に限り，例外的に認められているだけである。イの「価格カルテル（価格協定）」とは，競争関係にある企業どうしが，互いに価格に関する協定を結んだり，それに基づく協調的な行動をとったりすることで，違法行為として厳格な取り締まりがなされている。ウの「価格指導制（価格先導制，プライス リーダーシップ）」とは，ある市場において，有力企業の価格行動（価格設定・値上げ・値下げなど）に他社がすぐに追随し，ほぼ同一の価格が形成されることをいう。価格指導制は意図的に行われることも少なくないようだが，原材料価格の上昇や消費税率の引き上げなどにより，結果としてそうなることもあるので，違法とはされていない。第一段落に記述されている下線部(a)の行為は，選択肢の**イ**に該当する。

問2・3．価格カルテルや再販売価格維持行為などの取り締まりは，「独占禁止法」に基づいて「公正取引委員会」が行っており，同法は「経済憲法」，同委員会は「経済の番人」という異名を持っている。したがって，問2の正解は選択肢の**ウ**，問3の正解は選択肢の**ア**ということになる。

問4．一般的に，価格カルテルのねらいは，市場価格（業界価格）を高値で安定させることにある。三つの選択肢をみると，アには「市場価格が乱高下して」と，イには「市場価格が高くなって」と，そしてウには「市場価格に地域間格差が生じて」と記されているので，**イ**が正解であることがわかる。ちなみに，市場価格の地域間格差は，比較的多くの商品でみられるので，一定の範囲内のものであればそれほど大きな問題にはならない。

⑥
解　説　問1．三つの選択肢にそれぞれ示されている言葉のうち，アの「減価」とは価値が減ること，イの「減耗」とはただ単に減ること，そしてウの「陳腐化」とは古くさくなることなので，ウは容易に除外することができる。それでは，アとイのどちらが正解なのだろうか。イの「固定資本減耗」とは，構築物や設備，機械などの再生産可能な固定資産について，通常の破損や損傷，予見される減失，通常の事故による損害などから生じる減耗分を評価した額のことであり，要するに減価償却費と考えることができる。したがって，意味としては，アとイのどちらでもいいことになるが，内閣府の「国民経済計算」では固定資本減耗という用語が用いられているので，選択肢の**イ**が正解となる。なお，これは，固定資産を代替するための費用として総生産の一部を構成する。

問2．第二段落において，下線部(b)の「対外純資産」は日本の国富に算入されるものとして表現されている。したがって，四つの選択肢のうち，イとエは明らかに間違いである。そして，アは日本国民の対外総資産，ウは対外純資産であることがわかるので，正解は選択肢の**ウ**となる。

問3．「失われた20年」は，バブル経済の崩壊をもって始まった。そのバブルとは，一般的には地価と株価の異常な高騰を指す。それが一気に下落してバブル経済の崩壊となり，それからほぼ20

年の間，地価も株価も景気もじり貧状態にあり，まったく回復の兆しをみせなかったわけだから，その間の国富の減少には，地価の下落が大きく影響したといえる。したがって，正解は選択肢のアである。

7

解説　問1．スーパーマーケットなどで買い物をする消費者は，購入する商品をショッピングバスケットのなかに入れる。つまり，下線部(a)の「一般的な消費者が購入する消費財」の組み合せは，ショッピングバスケットのなかにあるという意味で，「基準バスケット」という用語が生まれた。したがって，正解は選択肢のアである。

　　　問2・3．消費者物価指数は，消費者物価の趨勢(トレンド)を示すための指標であるから，それを計算する際には，短期的な変動や異常な変動の影響をできるだけ避ける必要がある。そうした変動をもたらす代表的なものは生鮮食品の価格である。なぜならば，青果や鮮魚は異常気象の発生により，畜肉や鳥肉はBSE・口蹄疫・豚コレラ・鳥インフルエンザなどの流行により，価格が短期的に変動するからである。そこで，こうした生鮮食品を除外して消費者物価指数を計算すれば，消費者物価の核心的な趨勢が示せるのではないかと考えられた。一方，問2の三つの選択肢を無理やり日本語に訳すと，アが「より優れた消費者物価指数」，イが「近似の消費者物価指数」，そしてウが「核心的な消費者物価指数」となる。以上のことから，問2の正解はウ，問3の正解はアということになる。ちなみに，2008年現在，消費者物価の総合指数としては，通常のものとコア消費者物価指数のほかに，持ち家の帰属家賃を除外したものや，酒類を除く食料とエネルギーを除外したものがあり，後者はコアコア消費者物価指数と称されている。

8

解説　問1．名目GDPは，物価変動の影響を取り除く前の，そのときどきの価格で評価されたGDPである。したがって，202N年の名目GDP(表中の空欄①)は，この年の各産業の生産額を単純に合計して，「6,270」(＝280×4＋330×5＋500×7)と算出される。

　　　問2．実質GDPは，物価変動による影響を取り除いた後のGDPである。したがって，202N年の実質GDPを算出する際には，そのための調整が必要となる。つまり，表中②の6,120という値は，202N年の生産量を，基準年である201M年の価格で評価し，「240×4＋360×5＋480×7」＝6,120と計算することで算出されたのである。

　　　問3．経済成長率は，当該年と基準年の実質GDPの差を，基準年の実質GDPで割れば求められる。したがって，表中の空欄③は「2％」〔＝(6,120－6,000)÷6,000〕と計算される。

　　　問4．GDPデフレーターは，名目GDPを実質GDPで割った値を指数化したものである。実質GDPは生産量，名目GDPは生産額を表しているから，GDPデフレーターは物価を表している。したがって，「201M年から202N年までの10年間における物価上昇率」とは，202N年と201M年のGDPデフレーターの差を，201M年のGDPデフレーターで割れば求められるので，「2.45％」〔＝(102.45－100.00)÷100.00〕と計算される。

9

解説　問1．生産年齢人口とは，年齢別人口のうち，労働力の中核をなす15歳以上65歳未満の人口層のことである。これに対して，14歳以下の年少人口と65歳以上の老年人口を合わせたものを被扶養人口という。したがって，「生産年齢人口＝総人口－被扶養人口」という式が成り立つので，発問文が求めている「2012年10月1日現在におけるわが国の生産年齢人口」は，表「人口推計のポイント」から，次のように計算することができる。
　　　　　・総人口＝1億2,751万5,000人
　　　　　・被扶養人口＝1,654万7,000人＋3,079万3,000人＝4,734万人
　　　　　・生産年齢人口＝1億2,751万5,000人－4,734万人＝「8,017万5,000人」

　　　問2．問1の解説で説明した生産年齢人口のうち，労働人口が占める割合を「労働参加率」という。労働人口とは，働く意思を持つ就業者と失業者の合計であり，15歳以上でも働く意思や能力のない病弱者・学生・専業主婦などは非労働力人口になる。

　　　問3．将来的に保育所不足による待機児童の問題が解消し，厚生年金受給年齢が予定通り65歳まで引き上げられれば，女性や高齢者の社会進出が進んで労働参加率はある程度上昇するだろう。しかし，それは少子高齢化による生産年齢人口の減少に歯止めをかけるほどにはならないと予想

される。つまり，わが国における少子高齢化の進展は，生産年齢人口の大幅な減少に繋がると予想されているのである。したがって，正解は選択肢の**イ**である。

問4．職場訓練や学校教育により，新たに労働者個人に付加される生産に有用な能力は，物的資本と同等に扱われて「人的資本」と表現されることがある。したがって，正解は選択肢の**ウ**である。なお，教育や訓練は人的資本を増加させる手段，すなわち人的投資であり，その結果得られる報酬は人的資本に対する投資収益であるとみなされる。

10

解説　問1．下線部⒜の内容は，「現在，わが国の産業構造をみると，農林水産業や製造業と比べて，商業やサービス業の比重，すなわちその生産高や就労者などの割合が高まっている」と言い換えることができる。したがって，正解は選択肢の**ア**である。

問2．産業をライフサイクルの観点からみると，成長産業，成熟産業，衰退産業(斜陽産業)などに分けることができる。このうち，成長産業は，今はそれほどではないが，将来的には高い付加価値を生み出すことが見込まれる産業であり，成熟産業は現在，一定の付加価値を生み出しており，いわば経済の中心となっている産業のことである。したがって，下線部⒝に当てはまるのは，そのどちらでもない選択肢の**ウ**「斜陽産業または衰退産業」ということになる。

問3．具体的にどの産業が成長産業なのかは，国によって異なる。また，つい最近まで成長産業であるとされていたものが，ある事故をきっかけにして衰退産業となってしまうことや，その逆もある。そうした認識を持って三つの選択肢を検討してみよう。アの「原子力産業」は，福島第一原発事故の前までは，明らかに成長産業であった。しかし，現在はどうであろうか。フランスを除く先進国では，脱原発の動きが鮮明になっている反面，発展途上国のなかには，その建設を推進する動きがみられる。わが国の企業は，自国で歓迎されなくなった原子力発電所をそのような途上国に輸出しようとしている。また，「軍需産業」はどうであろうか。それは，存在意義を考えた場合，成長産業となってほしくない分野である。こうした産業は，たとえ高い付加価値を生み出す可能性があるとしても，成長産業として育てるべきではない。次に，ウの「自動車や家電などの産業」はどうであろうか。この選択肢に記されているBRICS諸国では，確かに成長産業であるといえようが，わが国や欧米諸国では，もはや成熟産業，場合によっては衰退産業であるといえよう。そもそも成長産業は，社会の変化に対応し，時代のニーズを先取りするような産業である。その点からすると，正解は**イ**であることが明らかだ。

11

解説　問1．文中の　A　には，経済用語としての不況の対義語が入るので，正解は選択肢**イ**の「好況」である。

問2．下線部⒜に記されている3種類の景気動向指数のうち，①の先行指数は将来の，②の一致指数は現在の，そして③の遅行指数は過去の景気動向をそれぞれ示すものである。これに対して，本文の6行目には「　B　の値が50以上であれば，景気は近い将来，拡張すると考えられる」と記述されているので，　B　には先行指数が入る。したがって，正解は①である。

問3．下線部⒝は日銀短観，またはただ単に「**短観**」と略称されることが多い。

12

解説　問1．財政に余裕がなくなり，予算の柔軟性が失われて，新たな政策の実現が難しくなっていく状況を財政の「**硬直化**」という。

問2．三つの選択肢をそれぞれ直訳または意訳すると，アの「クラウディング　アウト」は締め出しを食わせること，イの「デフレスパイラル」は物価の下落と貨幣価値の上昇が螺旋状に進行して行く過程，ウの「アドバース　セレクション」は逆選択となる。一方，下線部⒝には，財政赤字を埋めるための政府による国債の大量発行が，民間企業の資金調達を圧迫し，民間投資が委縮してしまうことが記されている。つまり，それは，政府が民間企業に対して，市場からの締め出しを食わせる現象ということができる。したがって，正解は**ア**ということになる。

13

解説　問1．問われている「仕組み」は，財政制度に組み込まれ，変動する景気を自動的に安定させるものである。それに対して，三つの選択肢のうち，アは，道路・港湾・下水道・学校・公園など，

経済活動の前提となる社会的な基盤のことなので，当てはまらない。残りの二つを直訳すると，イは自動均衡装置，ウは組み込まれた安定装置となるので，正解は**ウ**ということになる。

問2. 三つの選択肢のうち，イの「消費税」は購入した商品やサービスの金額に対して，また，ウの「贈与税」は譲り受けた財産の額に応じて，それぞれ一定の割合で課される税金であり，その税率は景気の良し悪しとは無関係である。ところが，アの「所得税」は，累進税なので，景気が良くなって人々の所得が増えれば税率が上がり，可処分所得を減らして景気の過熱を冷やす。反対に景気が悪くなって人々の所得が減れば税率が下がり，可処分所得を増やして景気を下支えする。つまり，所得税には，自動的に景気を安定させる働きがあるので，正解は**ア**ということになる。

14

解説　問1. ここで問われているのは，市中銀行はどこに当座預金口座を持っているのかということである。三つの選択肢のうち，アの「金融庁」は，市中銀行の監督官庁であり，イの「日本銀行」は，銀行の銀行とも称される半官半民の金融機関である。そして，ウの「預金保険機構」は，ペイオフの発動に備えて預金保険を提供するなど，預金者などの保護と信用秩序の維持を主な目的とする認可法人である。したがって，正解は**イ**ということになる。

問2. 下線部(a)に記されている当座預金は，市中銀行において一時期に大量の預金者が預金を引き出そうとする事態に備えるための準備金である。したがって，正解は選択肢**ア**の「準備預金制度」である。なお，ウの「預金保険制度」というのは，ある金融機関が倒産し，ペイオフが発動された場合に，預金者一人あたり，利子を含めて1千万円までが保障されるという制度である。イの「預金保護制度」という制度は存在せず，ダミーの選択肢である。

問3. ある金融機関が倒産しそうだという噂が流れると，当然，預金者は不安になる。すると彼らは金融機関に殺到し，いっせいに預金を引き出そうとする。そして，その金融機関が対応を誤ると大きな騒ぎに発展することがあり，これを「**取り付け**」騒動という。最近では，2013年の春，欧州の小国キプロスで，金融危機への対応策として当局が大幅な預金課税の方針を打ち出したところ，3月中旬に現金の引き出しが集中し，銀行のATMが紙幣不足になるなど，大きな混乱が生じた。その光景は，日本でもテレビのニュースに映し出されたので，記憶に新しいところである。

第2回　模擬試験問題解答　(各2点)

	問1	問2
1	ウ	エ

	問1	問2	問3	問4
2	サービス	ア	労働	消費 財

	問1	問2	問3	問4
3	ウ	過当競争	ウ	ア

4

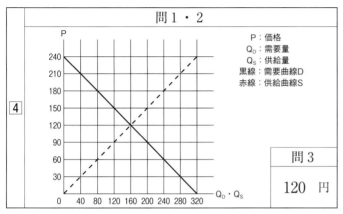

問1・2

P：価格
Q_D：需要量
Q_S：供給量
黒線：需要曲線D
赤線：供給曲線S

問3
120 円

※黒線は———，
赤線は‐‐‐‐で示している。

	問1	問2	問3
5	需要の 価格弾力性	72 個	イ

	問1	問2	問3	問4
6	ア	イ	エ	選好

	問1	問2
7	特許 制度	40 万錠

	問1	問2	問3	問4
8	③	ア	独占均衡	イ

	問1	問2	問3
9	レモン	ウ	イ

	問1	問2
10	エ	ウ

	問1	問2	問3	問4
11	ア	イ	イ	ウ

	問1	問2	問3
12	エ	ア	ウ

	問1	問2	問3	問4	問5
13	ア	イ	ア	イ	ウ

	問1	問2	問3	問4	問5	問6	問7
14	5	ア	ア	イ	ウ	イ	ウ

1

解説　問１．選択肢イの「技術的分業」とは，生産工程上の分業のことであり，初めは一つの企業内で行われていた。それに対して，ウの「社会的分業」とは，職業上の分業のことをいい，初めは企業間で行われていた。例えば，漆器の椀についてみると，生産工程で行われる木地師・塗り師・絵師などによる分業は前者，生産・流通過程で行われる生産者・卸売業者・小売業者による分業は後者ということになる。しかし，現在の組み立て産業，具体的には自動車メーカーや家電メーカーでは，多数の部品を外部から調達し，それらを組み立てて一つの製品に仕上げている。これには技術的分業の側面がないわけではないが，それが社会的分業化したものとしてとらえることができる。第二段落に記述されているＴ屋は，まさにどら焼きの組み立て企業ということができるが，同店では，流通・販売についても社会的分業へと進みつつある。以上のことから，正解は**ウ**と考えることができるだろう。

　　　問２．企業内で行われる分業では組織によって資源配分がなされるが，企業間での分業，すなわち社会的分業においては，市場によって資源配分がなされる。文中のＴ屋では，昔は製造・販売のプロセスをすべて企業内で行っていたが，企業規模が大きくなるに従って，その非効率性が増してきたため，餡や皮を外注に切り替え，製品の一部を土産物店に卸すようになった。つまり，少しずつ社会的分業に移行してきたのである。これにより，資源配分は組織によるものから市場によるものへ変遷してきたといえる。したがって，正解は選択肢の**エ**ということになる。

2

解説　問１．英語では，形のあるものをtangible，ないものをintangibleというが，それらを財として見た場合には，それぞれ順にgoods（商品），service（「**サービス**」）という。なお，サービスとは世話や奉仕など，人の役に立つ行為という意味なので，わが国の法文などでは用役という用語に置き換えられている。

　　　問２．固体・液体・気体を総称して有体物というが，これを有形財と考えれば，容易に正解が得られるだろう。すなわち，（都市）ガス・水素・酸素は気体，石油は液体，そして建物は固体に分類されるので，それらを含まない選択肢の**ア**が正解となる。

　　　問３．アルバイトを考えてみれば容易に正解が得られるだろう。例えば，「アルバイト募集：１時間850円」という表示。これは「あなたの人生のうちの何時間か，わが社のために働いてみませんか。そうすれば１時間あたり850円の報酬を差し上げます」という意味である。つまり，「**労働**」に対する１時間あたり850円での買い注文なのである。

　　　問４．下線部(c)の「生活の糧」とは，わたしたちが生きていくために自ら消費する食べ物や衣服などのことであり，これらを総称して「**消費**」財という。ちなみに，自ら消費せず，他人に売ることを目的とするものは産業財と呼ばれている。

3

解説　問１．本文の３行目から５行目にかけての一文に注目する。特にポイントとなるのは「３社だけで市場の売上高のほとんどを占めている」という部分である。三つの選択肢については，各市場に存在する企業の数を考えればよい。アの「独占市場」には１社だけ，イの「複占市場」には２社，そしてウの「寡占市場」には数社と定義されている。したがって，正解は**ウ**ということになる。

　　　問２．わが国では，市場における自由競争が原則として保証されているが，それが行き過ぎると，同じ業界の企業どうしが，いずれも適正な利潤を得られないという状況に陥る場合がある。このような状況を「**過当**」競争という。

　　　問３．文中の第二段落に記されているラーメンの市場には，非常にたくさんの店が存在しており，その点では完全競争市場に似ている。しかし，そこで供されるラーメンは各店舗の工夫と努力を反映して差別化されており，各店舗がそれぞれ独自の顧客層を持っているという点では独占市場に似た性格を持っている。このように完全競争市場と独占市場を合わせたような市場を「独占的競争市場」という。したがって，正解は選択肢の**ウ**である。

　　　問４．文中の第一段落に記されている牛丼の市場では，熾烈な価格競争が繰り広げられているが，第

二段落のラーメンの市場では，各店舗は価格ではなく，顧客に提供するラーメンの独自性を競い合っている。つまり，各店舗の主人たちは，顧客に「あそこのラーメンは他の店のとは違っていてとてもおいしい」と言わせようとしているのである。このような競争は「差別化競争」に分類されるので，正解は選択肢の**ア**ということになる。

4

解　説　問１．座表面に表中の価格と需要量の関係を示す９個の点を打ち，それらを結ぶと，**縦軸上240円の位置から横軸上320万匹の位置に伸びる右下がりの線**が描ける。これがさんまの需要曲線Ｄである。

問２．座表面に表中の価格と供給量の関係を示す９個の点を打ち，それらを結ぶと，**原点から右上がりに45度の線**が描ける。これがさんまの供給曲線Ｓである。

問３．均衡価格は，需要量と供給量が一致したところで成立するが，それは表でもグラフでも確認することができる。つまり，需要量と供給量は160万匹で一致し，そのときの価格は「120円」となっている。

5

解　説　問１．下線部(a)に記されている「割合」のことを需要の「**価格弾力性**」（＝｜需要の変化率÷価格の変化率｜）という。なお，価格の変化率は，値上げ分または値下げ分をもとの価格で割れば求められるし，需要の変化率も，同様に需要の増加分または減少分をもとの需要量で割れば求められる。

問２．価格の変化率は－20％〔＝(100円－125円)÷125円〕となる。そして，値下げをすれば需要は増加すると予想されているので，絶対値処理をする前の弾性値は－1.2である。したがって，□に入る数値は「72」個（＝－1.2×－0.2×300）と計算される。

問３．下線部(b)を実施する際のポイントは，値引きによる減収分を売上数量の増加によって補うことができるかどうかということである。したがって，このようなセールの対象商品は，需要の価格弾力性が大きく，しかも絶対値処理をする前の弾性値が負の商品でなければならない。つまり，価格に対する需要者の反応が比較的強いものということになる。三つの選択肢のうち，アに記されている商品は，値下げされたからといって，今まで以上に消費を増やすというようなものではない。また，ウに記されている普及率の高い電気製品は，比較的高額なこともあり，安くなっても所有しているものが故障しない限り，それほど買い替える気にはならないだろう。したがって，**イ**が正解ということになるが，それは日常的な経験からもうなずける。

6

解　説　問１．合理的な人間は，限られた資源（具体的には，限られた資金や労働，時間など）のなかで最良の結果が得られるように行動する。それは，例えば経済学の世界であれば「**最適消費**」であったり，最適生産であったりするが，身近なところでは最適学習や最適運動であったり，さらには最適睡眠であったりする。

問２．経済学では，人間の欲望を満たし得る財の能力を「効用」というが，ある財が効用を有するためには次の三つの条件が必要である。
１．その財に対して人間の欲求があること。
２．その財の利用方法が知られていること。
３．その財が利用され得る状態にあること。
本文で効用という用語の代わりに用いられている「満足度」という表現は，わかりやすいがあまり正確であるとはいえない。しかし，ある財がその人の欲望をどれだけ満たし得るかという意味で使われていることからすると，間違いであるともいえない。また，「限界効用逓減の法則」は経済学の最も基本的な概念でもあり，本文の脈絡から三つの選択肢を検討すれば，正解の**イ**は比較的容易に得られるだろう。

問３．4の問１で描いた需要曲線Ｄは「右下がり」であった。そして，需要曲線のグラフでは縦軸に価格，横軸に数量がとられるので，本文の下から３行目の「どの価格に対しても需要量は多くなり」という表現は，この場合，需要曲線は「右」にシフトすることを意味している。したがって，正解は選択肢の**エ**である。

問４．消費者の多くは，テレビの番組や雑誌の記事などで「バナナは体によく，ダイエットにもなる」

と紹介されると，にわかに青果店へ駆け込む。反対に，「バナナは体に悪く，太る」などと紹介されると，青果店でバナナは売れ残る。つまり，消費者の好みや選択される財は，マスコミや口コミの情報などによって変わることがあるのだ。このような需要に直接影響を及ぼすと思われる，需要者のその財に対する好みや感情を，経済学では「**選好**」と呼んでいる。

7

解説　問1．わが国には特許法という法律があり，その第29・67・68条には，それぞれ「産業上利用することができる発明をした者は，……特許を受けることができる」「特許権の存続期間は，特許出願の日から20年をもって終了する」「特許権者は，業として特許発明の実施をする権利を専有する」と規定されており，この法律に規定されている制度を「**特許**」制度と呼んでいる。

　　　問2．新しい均衡点E′での均衡価格は250円，均衡量は800万錠であることは，右側のグラフで確認することができる。それでは，この場合，Ｔ社の生産量はどこまで縮小するのか。それを示しているのは左側のグラフ，すなわちＴ社の限界費用曲線MCである。このグラフをみると，Ｔ社の生産量は，価格が1,000円のときは200万錠，それが250円に落ち込むと「**40**」万錠まで縮小することがわかる。

8

解説　問1．下線部(a)のうち，①は事故直後の緊急措置であり，決して意図的なものであったとは思えない。また，実際に②が行われ始めた頃は，まだいくつかの原発が稼働しており，それほど意図的に需要の抑制を図ったとは考えにくい。ところが，原発がほとんど停止した2012年の初夏，専門家の計算では「火力発電所をフル稼働すれば，今夏の電力需要は賄える」とされていたにもかかわらず，東京電力は③の行動に出た。それは高コストの火力発電をできるだけ抑えたかったからなのではないかといわれている。したがって，正解は③である。

　　　問2．三つの選択肢を直訳すると，アの「プライスメイカー」は価格を作る人，イの「プライスレイカー」は価格を(平らに)ならす人，ウの「プライステイカー」は価格を取る人となる。下線部(c)には「独占企業の同社は好きなように市場価格を決定することができ」と記述されているので，東電の立場は価格の決定者，すなわち価格を作る人であることがわかる。したがって，正解は選択肢の**ア**である。

　　　問3．家庭用電力の業界では政策的に地域独占が形成されているので，競争はほとんど行われない。また，自由化されている産業用の電力についても，発送電の分離がなされていないため，地域独占企業の10社(一般電気事業者)以外は，競争上極めて不利な状況に置かれている。したがって，電力については，その決定に経済産業大臣の認可が必要であるとはいえ，価格も取引量も独占企業の思うままなのである。下線部(d)のような行動が可能なのはそのためであり，東電が目指している状況は「**独占均衡**」と称される。

　　　問4．右の図は，典型的な独占市場の状況を表している。このグラフを用いて，競争均衡の状況(競争均衡点E)が独占均衡(独占取引点M)に行き着くとどうなるのかを検討してみよう。独占均衡では，企業は生産を競争均衡量の80万個から独占均衡量の50万個程度にしぼり，価格を競争価格の80円から独占価格の110円につり上げる。その結果，価格は30円（＝110円－80円）も上昇し，取引量は30万個（80万個－50万個）減少する。したがって，正解は選択肢の**イ**である。

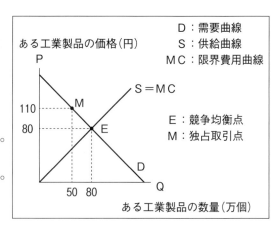

9

解説　問1．ヒマラヤ原産の「**レモン**」は色鮮やかで香りもよいが，オレンジとは異なり，すっぱくてそのままでは食べにくい。こうしたことに由来して，英語のレモンには不良品，欠陥のある中古車といった意味がある。なお，経済学では，情報の非対称性を説明するときにレモンが登場するが，それは，ジョージ・アカロフが1970年に「レモンの市場」という論文で情報の非対称性と市場の関係について分析を試みたからである。同氏はその功績で2001年にノーベル経済学賞を

受賞した。

問2．下線部(a)のような状況を「情報の非対称性」というので，正解は選択肢の**ウ**である。アカロフは，それについて，中古車市場を例に挙げて説明した。中古車を売る人は車の欠陥についてよく知っているが，買おうとする人はそうではない。そのため，外見だけ立派なレモン（欠陥のある中古車）が高い値段で売買される。ところが，こうした「レモンの可能性」のため，中古車価格は次第に低く設定されるようになる。そのため，良い中古車を持っている人は中古車市場に車を出さず，知り合いを通じて売ろうとする。

問3．上記の中古車市場では，結局，良い品質の売り物は姿を消し，質の低い売り物だけが残るようになる。情報の非対称性によるこうした現象，すなわち下線部(b)のような現象を，アドバースセレクション（逆選択）という。したがって，正解は選択肢の**イ**である。

10

解　説

問1．要するに，そのときどきの価格で「一年間に何円分の生産が行われたか」を示す指標が「名目GDP」であるが，これには物価変動による影響が含まれているので，それを取り除かなければ，その年の経済活動の活発さを正確に示すことはできない。そこで，そうした調整を加えて算出されるのが「実質GDP」であり，その増加率を「経済成長率」という。したがって，文中の
① と ③ には実質GDPが，② には名目GDPが入るので，正解は選択肢の**エ**ということになる。

問2．まず，第一段落前半の「総生産とは，……，一国内で一定期間中に生み出された付加価値の合計である」という記述に従うと，この国の今年のGDPは，次の三つの付加価値を合計したものとして求められる。つまり，選択肢ウの左辺である。
　〔A　農　家〕中間生産物を使うことなく2,000円分の大豆を生産したので，これはすべて付加価値である。
　〔B　豆腐店〕2,000円分の大豆を原料にして3,000円分の豆腐を生産したので，同店が生み出した付加価値は1,000円（＝3,000円−2,000円）である。
　〔Cスーパー〕3,000円分の豆腐を仕入れて店頭に並べ，それを消費者に6,000円で販売したので，同スーパーが生み出した付加価値は3,000円（＝6,000円−3,000円）である。
次に，同段落後半の「すべての生産者が生み出した付加価値の合計（すなわちGDP）は，その期間中に生み出された最終生産物の生産額に相当する」という記述に従えば，この国の今年のGDPは，Cスーパーでの豆腐の売上高6,000円ということになる。つまり，選択肢ウの右辺である。
したがって，正解は選択肢の**ウ**ということになる。

11

解　説

問1．世界各国の通貨が売買される市場を外国為替市場という。そこで売買される各通貨の価格は刻一刻と変化するが，これを外国為替相場といい，具体的には通貨の交換比率で表される。そして，この交換比率のことを「為替レート」という。したがって，正解は選択肢の**ア**である。ちなみに，イの「コール　レート」とは，銀行どうしが短期的な資金を融通し合う際に適用する利子率のこと，ウの「プライム　レート」とは，銀行が最も優良な貸出先に適用する利子率のことである。

問2・3．「東京は世界のほかの都市と比べると食料品の価格が高い」という人がいる。実際に，コメや牛肉，ビール，コーラなどの価格を比べてみるとうなずける。そうすると，同じ1ドルでも国によってその価値が違うことになる。それならば各国のGDPを比較する際などには，為替レートよりももっと生活実感に近い換算比率を用いるべきだという考え方が成り立つ。そこで考え出されたのが，下線部(b)に記されている「購買力平価」という換算比率である。しかし，問題は，その基準としてどの商品の価格を用いるかということである。イギリスの経済誌『エコノミスト』は，下線部(b)に記されている条件に合う商品として「ビッグマック」と「トールラテ」を提唱し，ビッグマック指数とトールラテ指数を発表した。しかし，前者は，現状の為替レートにおける日本円の評価は安すぎることを，後者は高すぎることを示し，それぞれ異なる結論を導き出した。いずれにせよ，以上の記述から，問2と問3の正解はどちらも選択肢の**イ**であることがわかる。

問4．「基準商品の価格がアメリカで4ドル，日本で340円，中国で22元であるとすれば」，購買力平

価は，＄1＝「85円」(＝340円÷4ドル)，＄1＝「5.5元」(＝22元÷4ドル)と計算される。したがって，正解は選択肢の**ウ**ということになる。

<u>12</u>

解　説 問1．四つの選択肢に挙げられている三つの所得のうち，「一時所得」とは，所得税法が規定する所得の区分の一つであり，臨時・偶発的なもので対価性のないものとされ，賞金や懸賞当選金，競馬や競輪の払戻金，生命保険の一時金や損害保険の満期返戻金(へんれいきん)のことをいう。これに対して「可処分所得」とは，家計の所得から政府によって税金や社会保険料などが徴収された残りをいい，「自由裁量所得」とは，さらにそこから食費・被服費・住居費といった必ず支出しなければならないものを控除(こうじょ)した残りをいう。ただし，ここでいう食費・被服費のなかには，贅沢(ぜいたく)な食事の費用や高級衣料の購入費などは含まれない。以上の記述から，下線部(a)は可処分所得に，下線部(b)は自由裁量所得に該当することがわかる。したがって，正解は選択肢の**エ**である。

問2．租税と社会保障負担に財政赤字を加えたものが潜在的な国民負担であり，この値が国民所得に占める割合を「潜在的な国民負担率」〔下線部(d)〕という。三つの選択肢のうち，**ア**は次のように展開されるので，これが正解となる。

下線部(d)＝下線部(c)＋財政赤字／国民所得
＝(租税＋社会保障負担)／国民所得＋財政赤字／国民所得
＝(租税＋社会保障負担＋財政赤字)／国民所得
＝潜在的な国民負担／国民所得

問3．下表は，OECDの主要加盟国における2011年の国民負担率と2009年の潜在的な国民負担率を示したものである。この表から，正解は選択肢の**ウ**であるといえよう。

	日　　本	アメリカ	イギリス	ド イ ツ	フランス	スウェーデン
2011年の国民負担率	38.3	30.3	45.8	53.2	60.1	62.5
2009年の潜在的な国民負担率	51.2	42.5	60.0	57.2	63.9	70.3

なお，解答のポイントは，次の3点である。
　1．わが国は，「中福祉中負担の国」であること。
　2．アメリカは，国民生活への政府による過度の介入を嫌う「自由の国」であること。
　3．ヨーロッパには，高福祉を標榜(ひょうぼう)し，「ゆりかごから墓場まで」と形容される国が多いこと。
つまり，福祉には，政府による国民生活への介入という側面があり，それには多額の財政負担が必要である。そして，財政負担は国民負担と読み替えることができる。このように考えれば，正解のウにたどり着くことができるはずである。

<u>13</u>

解　説 問1．常識的に考えれば容易に答えられるだろう。現在，わが国の代表的な紙巻きたばこの価格は1箱20本入りで410円。そのうちの244.88円がたばこ税，19.52円が消費税である。2010年10月(直近)の増税時，当時の鳩山由紀夫政権は「健康目的のため喫煙者を減らす」と述べている。つまり，この増税には，喫煙者に対して禁煙という消費行動を促す目的があったのだ。ちなみに，たばこの価格は，専売制という歴史もあって，増税時以外は常に安定しており，その販売活動の適正化は，未成年者喫煙禁止法の守備範囲である。したがって，正解は選択肢の**ア**ということになる。

問2．三つの選択肢のうち，アは，法人税の問題を所得税にすり替えている。こうした海外移住がまったくないとはいえないが，それほど大きな問題にはならないだろう。また，ウの所得格差が広がったとしても，政府は，税制を改正(多くの国民から見れば改悪)すれば，低所得者からも税金を搾り取ることができる。しかし，所得のない高齢者から所得税を取ることはまったく不可能である。したがって，正解は**イ**ということになる。

問3．所得階層を水平(横)にみて，例えば，年間所得が500万円の者どうしの税負担は，原則として同一であるべきだ，とするのが選択肢のアである。一方，所得階層を垂直(縦)にみて，例えば，年間所得が300万円の者と1,000万円の者との間では税負担に違いがあるとしても，それは妥当なものでなければならない，とするのがイである。そして，その両方の主張からなるのがウなので，正解は**ア**ということになる。

問4．2013年分所得の確定申告時(2014年春)における税率は，課税される所得金額に応じて0％・5

％・10％・20％・23％・33％・40％の7段階に区分されている。これに対して，同時点での消費税の税率は，買い物金額に対して一律の5％であった（2014年3月末時点）。そこで，課税される所得金額がそれぞれ2,000万円のAさんと200万円のBさんについて，次の条件で直間比率の見直しを検討してみよう。

　　1．どちらも1年間に100万円の買い物をしたとする。
　　2．所得税の税率が，どちらの区分でも10％引き下げられたとする。
　　3．消費税の税率が，15％引き上げられ，20％になったとする。

納税者		所得税	消費税	税額	税負担率
Aさん	・課税される所得金額：2,000万円 ・年間消費額：100万円	税率40％ 税額5,204,000円	税率5％ 税額50,000円	5,254,000円	26.270％
		税率30％ 税額3,204,000円	税率20％ 税額200,000円	3,404,000円	17.020％
Bさん	・課税される所得金額：200万円 ・年間消費額：100万円	税率10％ 税額102,500円	税率5％ 税額50,000円	152,500円	7.625％
		税率0％ 税額0円	税率20％ 税額200,000円	200,000円	10.000％

　　※所得税額は，「所得税額＝課税される所得金額×税率－控除額」の計算式で求められる。
　　　なお，現行の控除額は，Aさんの場合には2,796,000円，Bさんの場合には97,500円であるが，
　　　税率変更後も同額であるものとして計算した。

　上表がそのシミュレーションの内容をまとめたものである。これをみると，直間比率の変更は，Aさんのような高所得者の税負担を軽くし，反対にBさんのような低所得者の税負担を重くすることがわかる。これほど極端ではないにしても，一般的にこのような傾向が指摘されており，正解は選択肢のイであると考えられる。ちなみに，消費税の税率が上がっても，その分所得税の税率が下がって給料の手取り額が増えれば，社会全体として，消費はそれほど減らないだろう。したがって，ウは当てはまらない。

問5．経済のグローバル化が進んでいる昨今，資本（その具体的な形としての企業）は国籍などにこだわりをもっておらず，最終的な利益（税引き後の利益）がたくさん得られる場所を求めてどこへでも行く。したがって，祖国ではあっても法人税が高い国は嫌われ，多くの企業が国外へ移転してしまう。そうなると，その国の産業は空洞化し，国民は就職の機会が得られにくくなる。そうした事態を回避するため，現在では，日本に限らず多くの国々が法人税の税率を低くしている。なお，法人税は，賃金などを支払った後の利益に課税されるものであり，そもそも利益が出なければ課されることはない。したがって，三つの選択肢のうち，アとイはあり得ず，**ウ**が正解ということになる。

14

解説　問1．七つの個別政策のうち，5の「大規模な公共投資」以外はすべて金融政策の一環であると考えられる。

問2．下線部(a)の「機動的な財政政策」とは，財政赤字の現状に目をつぶり，景気を刺激するために随時，公共事業を拡大したり，特別な減税を行ったりするものである。つまり，公共事業や減税を景気の呼び水とし，プラスの需要ショックを起こすことを目的としている。プラスの需要ショックが起きれば総需要曲線は右にシフトし，均衡点は総供給曲線に沿って右上に移動する（右図参照）ため，景気の拡大と物価の上昇が起こり，アベノミクスが目標としているインフレ目標が達成されるというわけである。したがって，正解は選択肢の**ア**ということになる。

問3．三つの選択肢のうち，ウは短期間に物価が天文学的水準にまで上昇するものであり，イの実例としては狂乱物価と称された1974年のインフレーシ

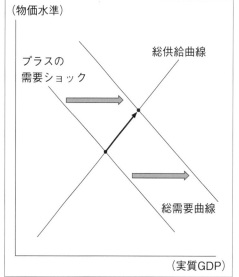

ョンを挙げることができる。そのどちらも金融政策の目標とはなり得ないので，正解はアということになる。なお，「クリーピング インフレーション」の目安は，一般的には５％前後とされ，アベノミクスのインフレ目標よりもかなり高いが，「最も近いものを一つ選びなさい」（発問文）ということなので，これを選べばよい。

問４．安倍総理の意向を受けて，黒田日銀総裁は「戦力の逐次投入はしない」と述べ，マネタリーベースを一気に増加させることを宣言した。そして，従来は比較的安全な短期国債に限っていた「買いオペレーション」（資金供給のためのオペレーション）の対象を長期国債に広げ，さらには上場投資信託(ETF)や不動産投資信託（Ｊリート）など，国債よりもリスクの大きい資産の買い増しも検討している。なお，買いオペレーションの取引相手は市中銀行なので，日銀がそうしたものを購入した代金は，市中銀行が日銀に持っている当座預金に入金される。それにより，市中銀行の貸し出し余力が拡大するので，企業は資金の借入が容易になる。また，日銀による上場投資信託や不動産投資信託の買い入れには，株式・債券市場や不動産市場を活況に導き，総需要を引き上げる効果が期待されている。以上の説明から，正解は選択肢のイであることがわかるだろう。

問５．財政法第５条には「すべて，公債の発行については，日本銀行にこれを引き受けさせ，又，借入金の借入については，日本銀行からこれを借り入れてはならない」と規定されており，これを市中消化の原則という。したがって，日銀が新規に発行された国債を引き受けることは，原則的には考えられない。現在，新規に発行された国債は市中銀行などが引き受け，日銀はその既発債を購入するという形で「買いオペレーション」を実施している。したがって，正解は選択肢のウということになる。

問６．2013年５月，食用油やマヨネーズ，小麦粉，プラスティック製品，紙製品など，原材料を輸入に頼る製品の値上げが相次いで発表され，早々の実施が予定されている。つまり，下線部(b)のような現象が現実化しつつあるのだ。なお，この記述の後半部分は「企業はこれまでと同じ価格で従来の供給量を維持することができなくなる」，さらには「企業はこれまでと同じ価格では供給量を減らさざるを得なくなる」と読み替えることができるので，正解は選択肢イの「マイナスの供給ショック」であることがわかる。

問７．三つの選択肢のうち，アの「イノベーション」は「（技術）革新」，イの「スタグネーション」は「（経済の）停滞」と訳される。そして，ウの「スタグフレーション」は，スタグネーションとインフレーションを組み合わせた造語である。これに対して，下線部(c)にはインフレ目標の達成と経済活動の停滞が記されているので，正解は選択肢のウということになる。

第3回　模擬試験問題解答　（各2点）

1	問1	問2	問3
	ア	ウ	イ

2	問
	②

3	問
	ウ

4	問1	問2	問3	問4	問5	問6	問7	問8
	ウ	ウ	イ	ア	ア	ア	イ	イ

4	問9					問10
	国民所得の（GDPの）	三	面	等	価	ア

5	問1	問2	問3	問4	問5	問6	問7	問8	問9
	イ	ウ	ウ	1,500　個	イ	2,000　個	イ	ア	ウ

6	問1	問2	問3
	100 万トン	150 万トン	ウ

7	問1	問2	問3	問4 ③	問4 ④	問4 ⑤	問5	問6
	エ	ウ	ウ	20	15	5	ア	イ

8	問1	問2	問3
	ア	ウ	ア

※問4は③・④・⑤完答で2点。

9	問1	問2	問3	問4	問5	
	101.439	イ	イ	ア	信用	創造

10	問1	問2	問3							選択
	ウ	ア	ポ	ー	ト	フ	ォ	リ	オ	選択

10	問4	問5	問6	問7	問8	問9
	金融資産	イ	ウ	イ	ア	エ

第3回　模擬試験問題の解説

1

解 説

問1. いずれもノーベル経済学賞を受賞した3人のうち、「新古典派総合の理論を確立した」(第三段落の最終行)のは、選択肢アの「サミュエルソン」である。ちなみに、イの「ヒックス」の最も広く知られた業績は、ケインズの『雇用・利子および貨幣の一般理論』を体系化したIS-LM理論であり、ウの「フリードマン」は、規制のない自由主義経済の設計を理想としたマネタリズム(貨幣数量説)の主唱者である。したがって、正解はアということになる。

問2. 文中に記述されている話は、「失われた20年」よりもかなり前のことなので、選択肢のイは時代的に当てはまらない。また、そもそも経済学という学問は、経済という社会現象を論理的に説明し、そのあるべき方向性を示そうとする社会科学なので、妥当性を持たないことが実証された理論は当然、勢いを失う。マルクス・レーニン主義に基づく社会主義国家、ソビエト連邦は、いわば計画経済の実験台であったが、その崩壊は、図らずも計画経済の非効率性を実証するものとなった。そのため、マルクス経済学は歴史の彼方に追いやられてしまったのである。したがって、正解は選択肢のウである。

問3. 選択肢のウは、ニューディール政策の強力な後ろ盾となったケインズ経済学の立場である。しかし、その後、ハイエクは政府の影響力が過大になることを警告し、フリードマンも政府による安易な市場介入に反対した。ただし、彼らの主張はアではなく、イであると考えるべきだろう。つまり、彼らは、公共財の供給や市場の失敗への対処、あるいはマクロ経済安定化政策など、政府にしか行えないものの存在を認め、政府の役割も重視しているからである。したがって、正解はイということになる。

2

解 説

問. 下線部(b)のうち、対象となっている財を入手するのは、①の場合には最も運のいい人、②の場合にはその財に最も高い価値を見出している人、そして③の場合には最も早く来た人や最年長者である。したがって、その財が最も無駄なく、有効に使われると期待できるのは、資源配分メカニズムとして②が採用された場合であるといえよう。

3

解 説

問. 山口百恵、キャンディーズ、ピンクレディ、松田聖子と続く従来のアイドルの系譜は、身近なようで身近ではなく、いわゆる高嶺の花だった。ところが、AKB48は彼女たちとは違う。東京・秋葉原の専用劇場へ行けばいつでも会える。レコードを買えば握手をしたり、個人的に触れ合ったりすることさえできる。また、「総選挙」でお気に入りのメンバーを個人的に応援することもできる。こうした新しい魅力は、すべて秋元康氏がプロデュースしたものであり、その戦略は、エンターテインメントの差別化としてとらえることができるだろう。したがって、選択肢のウが正解となる。

4

解 説

問1. 国民総生産(GNP)と国内総生産(GDP)は、どちらも各国の経済規模を示す代表的な指標であるが、昔は前者が主流であった。「1968年、わが国は世界第2位の経済大国になった」といわれているが、それは世界各国の経済規模をGNPで表した場合であり、わが国のGNPは、その年に西ドイツを抜き、アメリカに次ぐ世界で2番目の順位になったのである。しかし、文末にも記されているように、現在では、GNPに代わってGDPが使用されている。その理由は、GNPよりも、GDPで測った方が各国の経済規模をより適切に表現できるからである。例えば、現在、日本の国民は地球上のあらゆる国々で経済活動を行っているが、その成果は日本という国の経済規模に含めるべきではない。また、反対に、わが国では、世界中のビジネスマンが活躍しているが、そうした外国人による成果は日本という国の経済規模に含めるべきである。つまり、経済の「国際化またはグローバル化」(選択肢のウ)の進展により、各国の国民は自国を飛び出して経済活動を行うことが当たり前となっているため、各国の経済規模を示す場合には、国民という概念を捨てて国内という概念で対処する必要があるのだ。

問2. 担税者と納税者が異なる税金を「間接税」というが、それがわかっていなくても、「生産物の

価格に織り込まれている（税金）」という記述から，所得税と法人税が含まれている選択肢のア
と贈与税・相続税が含まれているイを除外することができる。したがって，正解は**ウ**である。

問3．「国民」総生産（GNP）を「国内」総生産（GDP）に，また，「国民」純生産（NNP）を「国内」純
生産（NDP）を置き換えるにはどうすればよいか。その答えは，問1の解説の後半部分から得
られる。つまり，次の二つの作業を行えばよいので，正解は選択肢の**イ**ということになる。
- 自国外での自国民による経済成果を差し引く。
- 自国内での外国民による経済成果を加える。

問4．下線部(d)の生産国民所得は，内閣府の国民経済計算では「第一次産業」「第二次産業」「第三次
産業」「政府サービス」「その他」という区分で推計されている。そして，産業の3区分の各小
計を時系列に見比べると，第三次産業の相対的な伸長，すなわちサービス経済化の傾向を読み
取れる。したがって，正解は選択肢の**ア**ということになる。

問5．選択肢に記されている3種類の区分は，それぞれ次のように説明することができるので，正解
は**ア**ということになる。
「労働所得」：人間が働くことで得られる所得⇒下線部(e)の①賃金
「営業余剰」：営業活動の結果として個人や企業の手もとに残ったもの⇒下線部(e)の②利潤
「財産所得」：土地や建物，資金といった財産を運用することで得られる所得
⇒下線部(e)の③利子・④配当・⑤地代

問6．下線部(f)の分配国民所得は，内閣府の国民経済計算では「雇用者報酬」「営業余剰・混合所得」
「固定資産減耗」「生産・輸入品にかかる税」「補助金」という区分で推計されている。なお，
混合所得とは，家計のうちの個人企業の取り分であり，そのなかには業主などの労働報酬的要
素が含まれていることから，営業余剰と区別されている。しかし，営業余剰も混合所得も，原
則として市場での利益の追求を目的とする産業においてのみ生じるものなので，区分としては
「営業余剰・混合所得」となっている。したがって，正解は選択肢の**ア**ということになる。

問7．発問文に記述されている「総資本形成」は，民間総資本形成と政府総資本形成に分けられる。
この区分に沿って三つの選択肢の内容を検討・整理すると，次の表のようになるので，正解は
イである。

総資本形成	民間総資本形成	企業によるコンピュータシステム更新代金の支払い分（ア）
		家計による住宅建設代金の支払い分（イ）
		家計による個人年金の積み立て分（ウ）
		企業による在庫の積み増し分（イ）
	政府総資本形成	政府による戦闘機購入代金の支払い分（イ）

問8．実質GDPなどの指標は，緩やかな上昇トレンドのなかで，谷→拡張期→山→後退期→谷とい
う上下変動をくりかえしており，これを景気循環または景気変動と呼んでいる。したがって，
選択肢のウは下線部(i)の現象に当てはまらないので，正解は**イ**の「経済循環」ということにな
る。ちなみに，アの「経済輪廻」という用語はない。

問9．生産面・分配面・支出面という三つの面から見たGDPは，当然のこととしてそれぞれ等しい
価値になるということで，「**三面等価**」という用語が用いられている。

問10．市場で適正な価格がつかない財の価値は，GDPに正しく反映されないため，その大きさが国
民の幸福を表しているとは限らない。お金では買えないもの，つまりGDPに反映されないも
ののなかにもかけがえのないものがあり，日本人は，高度経済成長期における悲惨な公害の体
験から，そのことを十分に理解している。それでも，一国の生産力の指標として，GDPより
も優れているとだれもが認めるものは，現時点では存在しない。したがって，正解は選択肢の
アということになる。

5
解説　問1．すべての産業に共通して，人にしかできない仕事内容があるため，「変動費」においては，労
働費の占める割合は非常に高い。そして，一定量以上の生産量がある場合，労働費は，生産量
の増加率以上のペースで増加することになる。なぜならば，一定量以上の生産を行おうとすれ
ば，勤務時間の延長や休日出勤などが必要になり，労働費が割高になるからである。それは，
変動費が割高になることを意味するので，選択肢の**イ**が正解ということになる。

問2．ある工場の敷地の地代が月額100万円である場合について考えてみよう。次ページの表には，

— 19 —

生産量が月産4,000個から5,000個へと1,000個増加すると，1財あたりの地代負担額は250円から200円へと50円減少することが示されている。地代は典型的な固定費なので，1財あたりの地代負担額を平均固定費と考えても差し支えない。したがって，正解は選択肢の**ウ**ということになる。

生産量(月産)	1財あたりの地代負担額
4,000個	250円（＝100万円÷4,000個）
5,000個	200円（＝100万円÷5,000個）

問3．三つの選択肢を直訳すると，アの「プライスメイカー」は価格を作る人，イの「プライスレイカー」は価格を（平らに）ならす人，ウの「プライステイカー」は価格を取る人となる。下線部(c)に記されているK社は，市場価格を所与の条件として自社の生産活動に取り入れているので，正解は選択肢の**ウ**ということになる。

問4．完全競争市場においては，企業は利潤を最大にするため，限界収入と限界費用が等しくなり，追加的な利潤がゼロになるまで生産を続ける。そして，そのときの生産量を最適生産量という。それは，第1図においては限界収入を示す水平線(MR)と限界費用曲線(MC)との交点で表され，そのときの生産量は「1,500」個である。このことは表でも確認することができる。すなわち，追加的な利潤は「限界収入－限界費用」で求められるので，表中の右から二列目の欄がゼロのときの個数（一列目の欄）をみればよい。

問5．表では，二行一列目の「個数」が最適生産量の1,500個を示しているが，三行（最下行）一列目の「個数」（生産量）はそれを300個超えている。しかし，その場合でも，「利潤」は半減したものの，損失は発生していないので，選択肢のアは該当しない。ただし，この先，さらに生産量が増えれば，限界費用は増加する（限界費用逓増の法則）。それに対して，限界収入の100円は一定なので，行き過ぎた増産をすれば当然，損失が発生する。したがって，正解は選択肢の**イ**ということになる。

問6．完全競争市場において，市場価格は生産物1個あたりの収入のことであり，追加して生産した1個から得られる収入の増加分のことでもある。つまり，市場価格＝平均収入＝限界収入という関係が成り立つ。したがって，第2図の縦軸上240円のところから引いた水平線が限界収入を表すので，その線と限界費用曲線(MC_K)との交点E_2における生産量「2,000」個が最適生産量ということになる。

問7．第2図を見れば，限界費用曲線(MC_K)は「右上がり」になることがわかる。また，市場への新規参入があって供給量が増えれば，供給曲線(S_K)は「右」にシフトするし，生産がしにくくなって供給量が減少すれば，反対に「左」にシフトする。したがって，正解は選択肢の**イ**である。

問8．　②　の直前に記述されている「限界費用曲線は右上がりとなり，同社の供給曲線と一致する」に着目する。つまり，供給曲線が右上がりになるのは，限界費用曲線が右上がりになるからであるが，それは，限界費用が生産高に応じて逓増していくからである。したがって，正解は選択肢の**ア**ということになる。

問9．一昔前はテレビでも冷蔵庫でも洗濯機でも，また，近年ではワープロやパソコン，薄型テレビなどでも，技術革新により生産技術が進歩すると，販売価格が下がって購入しやすくなり，その製品は一気に普及した。それは，各企業の限界費用が下がり，どの価格に対しても最適な生産量が増加したからである。したがって，正解は選択肢の**ウ**ということになる。

6

解　説　問1．グラフを参照すると，下線部(a)に記されているようにキャベツの市場価格が80円になったとき，その需要量は150万トンで，供給量は50万トンになる。したがって，①の超過需要は「100」万トン（＝150万トン－50万トン）と計算される。

問2．同様に，下線部(c)に記されているようにキャベツの市場価格が280円になったとき，その供給量は175万トンで，需要量は25万トンになる。したがって，②の超過供給は「150」万トン（＝175万トン－25万トン）と計算される。

問3．下線部(b)の「市場価格を押し上げる圧力」は，供給の減少と需要の増加によって生じる。つまり，多くの農家がキャベツの出荷を減らし，多くの消費者がキャベツの消費を増やすことによって生じるのである。一方，下線部(d)の「市場価格を押し下げる圧力」は，供給の増加と需要の減少によって生じる。つまり，多くの農家がキャベツの出荷を増やし，多くの消費者がキャベツの消費を減らすことによって生じるのである。以上のことから，正解は選択肢の**ウ**であることがわかる。なお，農家（生産者）や消費者は，不均衡価格が与える刺激によって，こうした

行動へと導かれていく。

解　説	問１．	④の問２の解説でも説明したが，担税者と納税者が同一なのが直接税，そうでないのが間接税である。また，所得額が増えるにつれて税率が高くなるのが累進税，低くなるのが逆進税である。下線部(a)の「消費税」と(c)の「たばこ税」の場合，どちらも担税者は消費者，納税者は業者である。また，高所得者も低所得者も同一の税額を負担するので，所得に対する負担割合でいうと，どちらも逆進的性格を持っている。したがって，正解は選択肢の**エ**ということになる。なお，わが国には厳密な意味での逆進税は存在しない。

問２．下線部(b)には，経済活動の負の部分を市場の外部に押し付ける状況が記述されている。したがって，選択肢の**ウ**が正解となる。

問３．文中のグラフにおいて，均衡点Eでの価格は200円，E′での価格は250円である。一方，本文には「均衡価格は　①　円から　②　円に上昇し」と記述されているので，　①　には「200」が，　②　には「250」が入る。したがって，正解は選択肢の**ウ**ということになる。

問４．文中のグラフにおいて，均衡点Eでの数量は20億箱，E′での数量は15億箱である。一方，本文には「均衡量は　③　億箱から　④　億箱へと　⑤　億箱減少する」と記述されているので，　③　には「20」が，　④　には「15」が，そして　⑤　には「5」(＝20−15)が入ることになる。

問５．文中の記述は，問３の解答から「企業は１箱あたり250円の収入があるが，100円を税として納めるため，実質　⑥　円の収入となる」となる。したがって，　⑥　には，「150」(＝250−100)が入るので，正解は選択肢の**ア**ということになる。

問６．解答のポイントは，「真の生産費用」をどのようにとらえるか，ということである。そもそも経済は，社会的な制度であったり，現象であったりする。一方，企業はその一部分でしかない。したがって，真の生産費用とは，企業が負担する生産費用ではなく，社会全体が負担する生産費用であると考えるべきだろう。したがって，正解は選択肢の**イ**ということになる。

解　説	問１．	三つの選択肢のうち，アの「第四次中東戦争」は，1973年10月にイスラエルと，エジプト・シリアなどの中東アラブ諸国との間で行われ，第一次オイルショックのきっかけとなった戦争。イの「イラン・イラク戦争」は，1980年９月22日未明，イラク軍が全面攻撃を仕掛け，イランの10の空軍基地を爆撃し，それをイラン軍が迎撃するという形で始まった国境を巡る戦争。そして，ウの「湾岸戦争」は，1990年８月２日にイラクがクウェートに侵攻したのを機に，国際連合が多国籍軍の派遣を決定し，1991年１月17日にイラクを空爆したことに始まった戦争。したがって，**ア**が正解である。

問２．一気に流入してきた短資は投資先を求め，「列島改造ブーム」は土地や建設資材への需要を拡大させた。そうしたところへオイルショックが発生し，石油を中心とする原材料価格が上昇したため，多くの製品の製造コストが上がった。つまり，ディマンド プル インフレーションが生じているところへ，さらにコスト プッシュ インフレーションが突っ込んできたというような状況だった。したがって，正解は選択肢の**ウ**である。

問３．日本経済が飛躍的に成長した高度経済成長期は，1954年(昭和29年)12月から1973年(同48年)11月までの19年間である。つまり，文中に記述されているオイルショックにより，わが国の経済は第二次世界大戦後初めて実質マイナス成長を経験したのであったが，これをもって高度経済成長は終焉を迎え，安定成長期へと移行した。したがって，選択肢の**ア**が正解である。ちなみに，安定成長期は1973年(昭和48年)12月から1991年(平成３年)２月までの17年３か月間であるが，そのうちの1986年(昭和61年)12月から1991年２月までをバブル期(バブル経済)と呼んでいる。

9

問1．下線部(a)を2012年末から2014年末の2年間で達成するためには，次の計算式が成り立たなければならない。

$$\frac{2014年末の消費者物価指数－2012年末の消費者物価指数}{2012年末の消費者物価指数}＝2\%$$

そして，2012年末の消費者物価指数は99.45であったというので，上の式は次のように展開される。

$$\frac{2014年末の消費者物価指数－99.45}{99.45}＝2\%$$

$$
\begin{aligned}
2014年末の消費者物価指数 &＝99.45＋99.45×2\% \\
&＝99.45×(1＋0.02) \\
&＝99.45×1.02 \\
&＝「101.439」
\end{aligned}
$$

問2・3．先に問3について考えてみよう。新たに発行される国債を，日本銀行が政府から直接購入することは，財政法第5条によって禁じられている。また，「銀行の銀行」という別称が示すように，日銀の金融政策は市中銀行を通して行われる。したがって，問3の正解は選択肢イということになる。問2については，下線部(b)の「資産の買い増し」という記述に着目する。日銀が金融資産を買い増せば，当然その代金が市中銀行に支払われる(実際には，市中銀行が日銀に持っている当座預金の口座に振り込まれる)。そして，それは一般企業への貸し出しに回るので，市場への「資金供給」となる。したがって，問2の正解も選択肢イということになる。

問4．三つの選択肢は，2014年4月現在，順に「M1」「M2」「M3」に分類されている。したがって，正解はアである。

問5．「マネー ストック」とは，市場で流通する貨幣の総量のことである。ただし，そのなかには極めて流動性の高い預金通貨(具体的には，普通預金や当座預金など)も含まれる。下線部(d)に記述されているのは，日銀が金融政策によってこの預金通貨を増加させる過程であり，これを預金創造または信用「創造」という。

10

問1．インフレーションを速度によって分類した三つの選択肢のうち，アは，低率で長期的な物価の上昇であり，忍び寄るインフレーションという異名を持つ。イは，高率で短期的な物価の上昇であり，駆け足のインフレーションとも称される。これに対して，ウは，超高率の物価の上昇であり，その率は天文学的な水準にまで達することがある。物価の上昇は，貨幣価値の下落，すなわち，現金の実質的な「目減り」を意味するので，正解はウということになる。

問2．ハイ(高い)かビッグ(大きい)か，ロー(低い)かスモール(小さい)か，単なる言い回しの問題であり，経済用語を正しく覚えていれば，選択肢のアが正解であることがわかる。

問3．多様な資産のなかから，どれとどれを選んだら，自分の目指す「一定の収益を安定的に獲得」することができるのか。それを象徴的に表現したのが「ポートフォリオ」選択という経済用語である。ポートフォリオ(portfolio)とは書類入れのことであり，要するに，自分のカバンの中に何を選んで入れたらよいか，というのがこの用語の本来の意味なのである。

問4．その物自体に信用や価値がある資産を現物資産または実物資産という。これに対して，それを発行している国や機関の信用によって価値が変わる資産を「金融資産」という。したがって，現金(各国通貨)をはじめ，預金，受取手形，金銭債権，出資証券，各種有価証券などは，いずれも金融債権に分類される。

問5．三つの選択肢のうち，SRIが含まれているものを排除すればよい。なぜならば，SRIとは，株主としての立場・権利を行使して，経営陣に対し，CSR(企業の社会的責任)に配慮した経営を求めていく投資のことだからである。具体的には，コミュニティー投資，環境配慮型投資，CSR経営評価による投資，環境修復投資などのことである。したがって，正解はイである。

問6．三つの選択肢のうち，アの「エコ ファンド」とは，環境問題への対応が優れている企業や環境関連の事業を行う企業を選定し，投資信託としてそれらの株式に集中的に投資するもの，イの「ヘッジ ファンド」とは，通常は私的な募集により，機関投資家や富裕層などから大規模な資金を集め，金融派生商品などを活用したさまざまな手法で運用するファンドのこと，そして，ウの「インデックス ファンド」とは，ファンドの基準価額が，ある指標(インデックス)

と同じ値動きをするように運用する投資信託のこと。したがって，正解は**ウ**ということになる。ちなみに，ファンドとは，正式には投資ファンドというが，複数の投資家から資金を集め，それを用いて投資を行い，そのリターン（収益）を分配する仕組みのことである。

問7．三つの選択肢のうち，アの「ニクソン ショック」とは，1971年8月15日に発表された，ドル紙幣と金との兌換停止を宣言し，ブレトン・ウッズ体制の終結を告げた突然の声明のことである。ちなみに，ニクソンとは，それを行ったアメリカ合衆国の大統領の名前である。また，イの「リーマン ショック」とは，2008年9月15日に，アメリカ合衆国の投資銀行であるリーマン・ブラザーズが破綻した出来事で，これが世界的金融危機（世界同時不況）の大きな引き金となったことからそう呼ばれている。そして，ウの「キプロス ショック」とは，2013年のユーロ圏によるキプロスへの金融支援において，同年の3月16日，その条件として同国の全預金に最大9.9%の課税を導入することを両者が合意したことに始まる金融危機のことである。以上の記述から，正解は**イ**であることがわかる。

問8．三つの選択肢の後半部分には，4種類の金融資産が共通して記されているが，これらを，日本人が重視する安全性の高い順に並べると，現金・預金・投資信託・株式となる。したがって，「現金・預金の割合がかなり高く」と記されている**ア**が正解ということになる。

問9．投資信託は，金融仲介機関が内外の株式や債券，各種ローンなど，ありとあらゆる債権を組み合わせて証券化し，それを多数の投資家に販売するものである。したがって，その取引は，基本的には間接金融であるが，多かれ少なかれ市場の動向に影響されるので，「市場型間接金融」に分類される。したがって，正解は選択肢の**エ**となる。

第36回　検定試験問題解答　(各2点)

①

問1							問2	問3	問4
資	源	配	分	メ	カ	ニ ズ ム	イ	ア	ウ

②

問1	問2	問3						
イ	ア	金	融	ビ	ッ	グ	バ	ン

③

問1	問2						問3
ア	限	界	効	用	逓	減 の法則	イ

④

問1	問2	問3	問4
ア	ウ	イ	ウ

⑤

問1	問2	問3	問4
イ	ア	ウ	ウ

⑥

問1	問2	問3
イ	ア	ウ

⑦

問1		問2	問3	問4
情報の	非対称性	ア	ウ	イ

⑧

問1	問2	問3
ウ	ア	イ

⑨

問1	問2	問3	問4
イ	イ	ウ	ア

⑩

問1	問2	問3	問4
ウ	ア	イ	ア

⑪

問1	問2	問3				問4
ウ	ア	景	気	基 準 日付		イ

⑫

問1	問2	問3	問4			
イ	ア	ウ	特	別	会	計

⑬

問1	問2			問3
ア	水	平	的 公平性	ウ

⑭

問1						問2	問3
ポ	ー	ト	フ	ォ	リ オ 選択	イ	ウ

1

解　説　問1．希少性のある財を，必要な経済主体のもとに過不足なく行き渡らせることは，経済学の大きな課題である。財を行き渡らせることを資源配分といい，そのしくみを**資源配分メカニズム**という。新型コロナウイルス感染症の流行中に，日本政府が国民に配布した布マスク，いわゆる，アベノマスクは，各世帯に等しく2個ずつ配布するという資源配分メカニズムを用いたが，不要な世帯にも配布することになってしまった。また，配布のための費用もかさんだ。このような市場を介さない組織による資源配分は非効率になることが多いと考えられる。

問2．下線部(b)を読むことで，正答が**イ**のオークションであることは容易にわかるであろう。ナイキのスニーカー販売用のアプリでは先着順で販売するスニーカーと抽選により販売するスニーカーがある。本来は先着順が効率性の高い資源配分メカニズムであるが，人気が高いスニーカーについては混乱を避けるなどの目的で抽選にしているのであろう。

問3．需要と供給のバランスがとれる価格と量で資源配分を行うしくみを市場メカニズムという。需要を買い手，供給を売り手と考えれば，正答の**ア**が導けるであろう。本来は価格も市場メカニズムで決定されるが，多くの消費財は，まず売り手が価格をつけることから始まるため，このような書き方をしているのであろう。以上のことを踏まえ，それぞれの選択肢を読めば，イとウが正答ではないことは明白であろう。

問4．問題の文章を読むだけでは，正答を導くことはできない。「国民生活安定緊急措置法施行令」という名称と，一般的な常識から，**ウ**が正答であると導き出すことになる。アとイが不正解であると確信するのは難しいが，最終的な理由は「国民の安全な生活の確保」と考えるとウが導ける。

2

解　説　問1．飛行機を利用する修学旅行では，旅行中に台風などにより飛行機が欠航するとホテル代などの追加の費用が発生してしまう。そのため，このようなリスクに対応する保険に加入することが一般的である。この保険を例に保険のしくみについて考えてみる。欠航により発生する追加の費用の平均が10,000円であるとする。そして，欠航が起こる確率が20校に1校，つまり5％であるとする。保険会社の利益などを考慮しないとすると，この場合，10,000円×5％＝500円で求められる保険料を各校が負担することで，運悪く欠航に見舞われた1校にかかる費用に，運よく欠航に見舞われなかった19校が支払った保険料をあてるという考え方ができる。このように保険料を支払った加入者の経済的損失を，保険料を集めた保険会社が負担する機能を保険のリスク配分機能という。正答は**イ**である。アとウが誤答であることは常識的に明白である。ここでのリスクのような，経済学におけるリスク(risk)は，将来，好ましくない事象が起こる可能性のことをいう。「リスクが高い」とは「悪いことが起こる可能性が高い」という意味である。立入禁止の場所などに掲示される「危険」はデンジャー(danger)である。

問2．ネット銀行のみならず，通常の銀行もインターネットバンキングに注力するようになってきた。もはや，銀行に出向かなくても，口座開設や口座振込，定期預金の預入などができるのは常識である。正答は**ア**である。イとウについては特に意味はなく，ICTについてもまるで触れていないので，誤答であることは明白である。ICTを利用した新たな金融サービスをフィンテックという。資金運用面や利用者の利便性の向上といった面のみならず，さまざまな方向にフィンテックは広がっている。

問3．1986年にイギリスのサッチャー政権下で行われた証券制度改革をビッグバンと呼ぶ。これにちなみ，1996年から日本で行われた金融改革を「日本版ビッグバン」「金融ビッグバン」などと呼ぶが，7文字で答えるように規定されているので，**金融ビッグバン**が正答である。金融ビッグバンの過程で，銀行が証券子会社を設立することなどが可能になったが，それ以前は，銀行と証券会社は明確に分離されなくてはいけないことになっていた。なぜ，銀行が証券業務を行ってはいけないとされていたのであろうか。銀行が証券業務を行うと，融資の返済が確実である企業には融資を行い，財務内容が悪く貸し倒れが発生する可能性のある企業には社債を発行させ，その債務不履行のリスクを回避しようとする可能性が生まれる。それにより，債券市場がよりリスクが高いものになり，一般投資家のリスクが高まる恐れがあるからである。

3

解説 問1．需要曲線が右にシフトする理由には，所得の増加のほか，商品の選好の上昇，買い手の増加，将来の価格上昇予想，代替財の価格上昇，補完財の価格下降などがある。正答は**ア**である。テレビの情報番組で健康に良いといわれた食品が翌日に品切れになるような状況である。イは需要曲線を左にシフトさせる要因であり，ウは需要曲線のシフトではなく，供給曲線が右にシフトすることで引き起こされる需要量の減少のことである。

問2．この下線部(b)のようなことを表す法則を**限界効用逓減**の法則という。経済学では，経済主体は常に最も合理的な行動をすると考える。例えば，あなたが休日にドーナツショップに行くとする。そこであなたは，食欲とお小遣いなどから，ドーナツを2個食べることにした。これが，あなたの最適消費であり，予算内で最大の効用を得ることができる量である。しかし，食後，物足りなく感じ，もう1個食べるとする。2個が最適消費量であるとすれば，お小遣いをつかって得た3個目の効用はそれまでよりも間違いなく少なくなるはずである。

問3．下線部(c)のような財を代替財という。正答は**イ**である。代替財は片方の価格が上がると，もう一方の需要が増加するという特徴がある。2021年に牛肉価格が大幅に上昇し，ミートショックと呼ばれた。それにより，牛丼大手各社は牛丼の価格を値上げした。もし，牛丼の価格が上昇したときに豚丼の需要が増えれば，牛丼と豚丼は代替財だといえるのである。アの劣等財は所得が増加すると需要が減少する財のことであり，正常財に対する用語である。仮に，日本国内に所得の増加が起きた時，豚丼の需要が減少し，牛丼の需要が増加したとする。この場合，豚丼は劣等財といえる。ウの補完財は一緒に消費される関係にある財のことで，片方の価格が上がると，もう一方の需要が減少するという特徴がある。牛丼と紅しょうがは一緒に消費される傾向にあり，牛丼の価格が上がり需要が減少すると，紅しょうがの需要も減少すると考えられる。このような場合，紅しょうがは牛丼の補完財ということができる。

4

解説 問1．売上や生産量と比例して増減する費用を変動費，売上や生産量に関わらず一定の費用を固定費という。弁当の容器は生産量に応じて増減するので変動費といえる。正答は**ア**である。レストランの場合，材料費や水道光熱費などが変動費であり，店舗の家賃や従業員の賃金などが固定費である。ウの労働費はあまり使われない用語である。労働力に関わる費用は一般的には労務費という。

問2．完全競争市場に参加している経済主体は，独自では価格の決定をすることはできず，需要と供給により決定した市場価格を受け入れて売買を行う。このような市場参加者をプライステイカーという。そして，多数のプライステイカーの売買行動によって市場価格が決定される。正答は**ウ**である。アのプライスメイカーは独占市場やそれに近い市場で価格を支配できる状態にある企業をいう。イのプライスリーダーは，その業界で圧倒的なマーケットシェアをもつ企業があり，その企業が決めた価格にその他の企業が追従する傾向がある場合，その強い影響力のある企業のことである。プライスリーダーは経営学などでよく用いられる用語である。

問3．企業は生産要素をフルに活用し利潤を最大化しようと行動する。ただし，売上が増加すれば比例して利潤も増加するわけではない。例えばこのレストランが個人で営業していると仮定し，毎日500円の弁当を100個生産し，毎日売り切れになっているとする。収入が50,000円で生産のための費用が40,000円とすると，利潤が10,000円となる。毎日，あと10個くらいは売れるだろうと，店主が予想しても，労働力はフルに活用しているため，新しい従業員を雇わなくてはならない。その従業員の日給が8,000円だとすると，売上が5,000円増えても，利潤は減少してしまう。このような，生産要素を最大限に有効活用して生み出す生産量を最適生産という。正答は**イ**である。売上がわずかに増加したとき増える収入をアの限界収入といい，ここでは10個増やしたときの5,000円を限界収入と考える。そして，企業が最適生産を実現しているときに，さらにもう少し生産を増やそうとすると，この例のように追加される費用がより大きくなってしまう法則をウの限界費用逓増の法則という。

問4．本文，特に12行目前後を読むと，正答が**ウ**であることがわかる。アとイに関することは本文で述べられていないので誤答である。売れ残りによって生まれるロスを廃棄ロス，売り逃しによって生まれるロスを機会損失(チャンスロス)という。これらは経営学によく用いられる用語である。

5

解説 問1．下線部(a)を読むことによって需要が多いことがわかるであろう。正答はイである。本文では，価格の上昇に先駆けて供給曲線が左にシフトしたことにより，超過需要が発生した。また，マスコミなどによって，ある野菜の健康への効果が大きくつたえられると，一時的に需要曲線が右にシフトし，この場合も超過需要が発生する。超過需要は品切れの状況であり，価格が上がることで最終的に均衡する。ウの超過供給は超過需要とは反対の原因で，供給が需要を大きく上回った時に発生するもので，価格下降の原因になる。アの超過利潤は，突発的な理由により企業が想定した利潤を大きく上回って発生する利潤をいう。コロナ渦においては，Ｗｅｂ会議サービスを提供する企業に超過利潤が発生したケースもあった。

問2．供給の価格弾力性の高さは，供給曲線の傾きによって示される。価格が変動によって供給量が大きく変化する場合，傾きが緩やかになり，供給の価格弾力性が高いということになる。逆に価格変動による供給量の変動が少ない場合，傾きが急になり，供給の価格弾力性が低いということになる。農作物は生育に時間がかかるため，供給量をすぐに調節することができず，価格弾力性が低い財と言える。正答はアである。イとウは価格弾力性が高い状況の説明である。

問3．豊作により超過供給が発生すると価格が低下し，利潤が低下する。単純に農作物を収穫するまでにかかった金額を費用とすると，価格－費用＝利潤である。この利潤よりも出荷にかかる運送費などの方が高くなってしまうと，販売すればするほど赤字になってしまうので廃棄せざるを得なくなるのであろう。正答はウである。アとイについては，特に本文で触れられていないことなので誤答である。

問4．下線部(d)に「天候不順による不作に対して」とある。選択肢のなかで，天候について述べられているのはウだけであるので，正答がウであることが導ける。

6

解説 問1．アの独占市場は，その市場に売り手が1社しか存在しない市場をいう。その企業がプライスメイカーとして価格を支配できる。イの寡占市場は，少数の大企業によって支配されている市場をいう。大企業同士が同調的になると価格がコントロールされることがある。独占市場と寡占市場は不完全競争である。それに対し，ウの完全競争市場は，多数の売り手と多数の買い手がプライステイカーとして参加している市場である。正答はイである。

問2．アのイノベーション(innovation)は革新や刷新，イのモチベーション(motivation)はやる気や自発性，ウのオペレーション(operation)は操作や運転という意味である。正答はアである。経済を発展させるためには，イノベーションが不可欠であり，また，激しく変化する今日の市場において，企業経営にはイノベーションが求められるのである。イノベーションをキーワードにヨーゼフ・シュンペーターやピーター・ドラッカーといった経済学者，経営学者について調べてみることをお勧めする。

問3．差別化競争とは，それぞれの製品が差別化され独自の個性を持っている製品同士の競争をいい，買い手が製品の性能や品質，デザインなどの良し悪しで購入を決める市場での競争である。差別化競争に対して，製品の品質が同質化している市場では，企業は価格を引き下げることで競争に勝とうとする。このような市場での競争を価格競争という。正答はウである。イは価格競争について書かれている。アは過当競争ということになる。寡占市場で過当競争が発生するしくみはゲーム理論などで説明することができる。

7

解説 問1．取引をする経済主体の間に情報の格差がある状態を情報の非対称性という。正答は非対称性である。アメリカの経済学者でノーベル経済学賞を受賞したジョージ・アカロフが，1970年に発表した論文で初めて用いられた用語である。今日では，経済学の分野以外でも，さまざまな場面で情報の非対称性という言葉が用いられるようになった。

問2．中古車市場では，売り手である販売会社はその自動車について多くの情報を持つ，それに対して買い手である消費者は年式や走行距離，外見などの情報しか知ることができない。このような情報の非対称性が中古車市場には存在する。それにより，消費者は，例えば「平成30年式で走行距離が40,000kmのプリウスの相場は200万円」という情報を頼りに中古車を探すことになる。このような状況では，販売会社は，非常に状態が良く200万円以上の価値があると判断できる平成30年式のプリウスを仕入れても，市場では200万円程度でしか販売できないため，市場に

は出さず，知人などに販売してしまう。逆にエンジンなどの状況が悪く，本来は200万円の価値がないと判断できるプリウスを仕入れた場合は，積極的に市場に出し，200万円で販売しようとする。結果，市場には平均以下の中古車があふれてしまう。こういった市場の失敗をアドバース・セレクション（逆選択）といい，このような市場をレモンの市場という。正答はアである。イの完全情報は売り手と買い手が同じ情報を共有している状態をいう。ウのゲーム理論は，複数の主体がたがいに影響を及ぼし合う状況でのそれぞれの意思決定を解明しようとする理論の総称である。

問3．オムニチャネルとは「すべての販売経路」という意味である。実店舗（リアル）とインターネット販売（ネット）を融合させ，「ネットで注文しリアルで受け取り」，「リアルで商品を確認し，注文はネットで」といった方法をオムニチャネルという。似た用語にマルチチャネルという言葉があるが，これは，企業が店舗販売やインターネット販売，カタログによる通信販売などの複数のチャネルを，それぞれ単独で運営することをいう。選択肢の中でオムニチャネルを意味しているのはウであり，正答である。アはある意味ではオムニチャネルであるが，似たような財など非現実的である。イは価格ドットコムのようなWebサイトを意味しているのであろう。

問4．正答はイの消費者庁である。ウのデジタル庁は2021年に当時の菅内閣によって設置された行政機関であり，国のデジタル化を推進する省庁である。アの警察庁については説明はいらないであろう。

8

解説　問1．夫が米を生産し，それを妻が仕入れ，米だけを使ったおにぎりにして販売している家庭があるとする。夫が生産した米はすべて妻が購入しているとする。1年間に夫が妻に販売した米が300万円，妻が販売したおにぎりが500万円だとする。この家庭が1年間に生産した金額は，夫の300万円と妻の500万円を足して800万円だと考えるであろうか。この家庭が得た収入を考えると生産した総額が500万円であることがわかるであろう。妻が生産した金額は500万円－300万円＝200万円である。妻の生産額のうちこの300万円の部分を中間費用，200万円の部分を付加価値といい，おにぎりに対する米を中間生産物という。正答はウである。アの固定資本とは建物や機械のように複数年使用される資本をいう。固定資本は経済学の用語であり，会計学では固定資産という。ウの購買力平価は，それぞれの国の通貨で購買できる商品の金額によって決定される為替レートのことである。日本において100万円で買える商品と同じ商品をアメリカにおいて1万ドルで買えるとすると，100万円＝1万ドル，1ドル＝100円が購買力平価による為替レートである。

問2．製パン業者の生産額は200円であり，中間生産物の小麦粉を購入した費用（中間費用）が100円なので200円－100円＝100円が付加価値である。正答はアである。

問3．GDPは支出や生産に結びつかないとカウントされない。家事労働やボランティア，自宅で消費することを目的に作られた農産物などの生産額はGDPには加えられないのである。正答はイである。アとウは家計から支出されるものなのでGDPに反映される。以前は家庭で家事として行われていたアやウのような労働にアウトソーシングがひろがったため，GDPは大きく表示されるようになった。

9

解説　問1．それぞれの品目について，2016年と2021年の消費量を知っている人はほとんどいないであろう。選択肢にある品目の消費量が長いスパンで増加傾向にあるか減少傾向にあるかを基準に考えて正答を予想する。長いスパンで増加傾向であることが予想できる品目はタブレット端末とドライブレコーダーであろう。減少傾向が予想できる品目は配達の牛乳，ビデオカメラ，CDプレーヤーであろう。このような予想から正答のイを導くことができる。

問2．消費者物価指数を計算する際に，消費者が購入する代表的な財・サービスの組み合わせを用いる。この組み合わせを基準バスケットという。正答はイである。アとウは企業や政府などの経済主体が購入するという点で間違いであることがわかる。そもそも消費財とは家計で需要される財のことである。

問3．1年間の増加率を求めるのであるから，基準年（T年）に比べて比較年（T＋1年）はいくら増加したかを基準年（T年）で割ればよい。正答はウである。

問4．物価が上昇するとインフレ，下降するとデフレである。正答はアである。インフレーションは

物価が上昇することであるが，物価が上昇すると一定の通貨で買える財やサービスの量が減少する。つまり，インフレーションは物価の上昇であるとともに，通貨の価値の減少として捉えなければならない。

10

| 解　説 |

問1．110×11＋220×5＝2,310となり，正答はウである。名目ＧＤＰは実際に市場で取引されている価格に基づいて推計する値である。表中の2018年の名目ＧＤＰの計算式を参考にすると容易に求められるであろう。

問2．もし，インフレ率が10％であるとすれば，経済の規模が全く同じだとしても名目ＧＤＰは10％増加する。実質の経済成長率は0％であるにもかかわらず，経済成長率が10％であるような誤解を与えるかもしれない。そのため，名目ＧＤＰから物価の上昇分・下落分を取り除いた実質ＧＤＰを計算しなければならない。この表の数値を用いると基準年の価格をもとに，100×11＋200×5＝2,100と当該年の実質ＧＤＰを求めることができる。正答はアである。イは名目ＧＤＰを求める式であり，ウは特に意味はない。

問3．経済成長率とは実質ＧＤＰの増減の割合のことである。正答はイである。この表の数値を用いると(2,100－2,000)÷2,000＝5％となる。

問4．ＧＤＰデフレーターとは基準年を基にした当該年の物価のことである。問題中の表の場合10％物価が上昇したことになる。名目ＧＤＰを実質ＧＤＰで割ることによって求められる。正答はアである。誤答のイとウは特に意味はない。ＧＤＰデフレーター＝名目ＧＤＰ÷実質ＧＤＰ(×100)であるので，実質ＧＤＰ＝名目ＧＤＰ÷ＧＤＰデフレーター(×100)という関係でもある。ＧＤＰデフレーターは物価指数であるが，消費者物価指数などとは違い，輸入品の価格は反映されない国内生産品のみの物価指数である。

11

| 解　説 |

問1．ＤＩは，先行指数，一致指数，遅行指数に含まれているそれぞれの値について，3か月前の値より上昇（拡張）している値の割合であり，50％以上であれば景気が拡張局面であると判断する。正答はウである。それに対し，ＣＩはそれぞれの指数の値の変化率について計算したもので，景気の拡張や後退の大きさやスピードを判断するために用いる指数である。

問2．先行指数とは，数か月先の景気動向を先取りして動く景気動向指数である。東証株価指数や新規求人数などがある。正答はアである。イは遅行指数を意味しており，景気に遅れて動く景気動向指数のことである。完全失業率や家計消費支出などがある。ウは一致指数を意味しており，景気とほぼ同時に動く景気動向指数のことである。有効求人倍率や所定外労働時間指数などがある。内閣府が発表する国のＤＩとＣＩは11種類の先行指数，10種類の一致指数，9種類の遅行指数という，合計30種類の景気動向指数を利用して計算されている。

問3．下線部(c)に示されているような日付のことを**景気基準**日付という。日付と呼ばれているが実際には月で表す。問題の文章の冒頭にある2012年12月から始まった景気拡大局面については，2012年11月を谷とし，2018年10月を暫定的に山とした。この2012年11月と2018年10月が景気基準日付である。

問4．短観はメディアなどでは「日銀短観」などと呼ばれることが多い。これを覚えておけば正答のイが容易に導ける。正式名称は「全国企業短期経済観測」という。資本金2,000万円以上の企業の中から抽出された約10,000社の企業から業績と今後の見通しについて質問したものから作成される資料で，年4回発表される。また，日銀短観の中で公表される計数にも，景気が良いとする企業数と景気が悪いとする企業数の比率から計算されたＤＩがある。これは企業経営者や投資家などにとって注目が高い指標であり，株価や為替レートなどに大きな影響を与える。アの内閣府はこの問題にある景気動向指数をはじめとしたさまざまな経済指標を発表しており，ウの経済産業省は企業活動基本調査の中でさまざまな資料を提供している。

12

| 解　説 |

問1．下線部(a)の直前に社会保障費とあることを始めとして，前後の文章を手掛かりとすれば，公的な保険を意味していることがわかり，イの社会保険が正答であることが導けるであろう。下線部(a)にある病気は公的医療保険，老齢は公的年金や公的介護保険，障がいは障害年金，失業は雇用保険により，それぞれ支援される。アの養老保険は生命保険の一種であり，貯蓄の意味合

いが強い商品で，かつて，生命保険会社が熱心に営業した商品である。ウの損害保険は，事故によって起きた損害額を保障する保険で生命保険に対する言葉である。アの養老保険もウの損害保険も民間企業によって運営されている。

問2．下線部(b)にあるとおり，1986年に公的年金の基礎的な部分である国民年金が共通化された。その背景は，産業構造の変化により国民年金の対象である自営業者や農業や漁業に従事している人の割合が減少し，国民年金の財政基盤が不安定になったことと，制度間に給付と負担の格差があったことである。正答は**ア**である。

問3．個人の所得で考えても，そのすべてが使えるわけではなく，税金と社会保険料を負担しなければならない。これを国民全体で考えたものがアの国民負担率である。国民負担率＝(租税負担＋社会保障負担)÷国民所得で計算される。しかし，現在の国家財政は税金のみによって運営されているわけではなく，財政赤字の部分を国債などによる借金で埋め合わせている。この借金は将来，国民が返済しなければならない国民の負担である。国民負担に財政赤字を加えたものを潜在的な国民負担といい，国民所得に対するその率を潜在的な国民負担率という。正答は**ウ**である。令和3年度の潜在的な国民負担率は56.5%となっている。イの法定準備率は金融政策に関する用語である。

問4．国の予算は一般会計と特別会計に分けられる。国の予算をさまざまな分野に分けてしまうと，全体を見通せなくなり，ある部分がいつの間にか大きくなっていたといったことがわからなくなってしまう可能性がある。そのため，単一の会計で経理すべきであるという予算単一の原則というものがある。しかし，例外として，特定の事業については，収支を明白にすべきであるという考えがあり独立した経理管理がされる。その会計を特別会計という。正答は**特別会計**である。年金や労働保険も特別会計である。

13

| 解 説 |

問1．下線部(a)にある「人々の消費行動を誘導する効果」とは，人々が買いたいという気持ちを大きくする効果，または，買いたいという気持ちを小さくする効果のことである。これに最も当てはまるのはアのたばこ税である。たばこ税の税率を高めるとたばこの小売価格が上昇し，その結果，たばこの消費量が減ることになる。たばこ税や酒税には，国民の健康に好ましくはない消費行動を調節するための側面もある。国や地域によっては，炭酸飲料を始めとした糖分を多く含む飲料は肥満を招くとし，課税をして消費を減らそうとする，いわゆる，「ソーダ税」という税金があるところも存在する。イの相続税は遺産を相続した人に課される国税であり，ウの住民税は所得に応じて支払う地方税である。双方とも税金であるため，税率を高めれば消費を減らすことにつながるであろうが，最も適切ということから，**ア**が正解である。

問2．下線部(b)にあるような考え方を水平的公平性という。正解は**水平的**である。これに対し，所得の高い人はより多くの税金を負担すべきという考え方を垂直的公平性という。給与所得者は，源泉徴収の制度により，課税所得がほぼすべて税務署に把握されるが，自営業者などは，家計の支出分を必要経費として計上することや，家族を従業員として雇用して所得を分割することにより，課税所得を少なく申告することが可能であるといわれる。このような状況を水平的公平性がないといい，消費税の導入には，この水平的公平性の確保の意味合いがあるともいわれる。

問3．わが国の平成30年度(2018年度)の直間比率は68：32であった。正答は**ウ**である。右表のとおり，アメリカに比べ直接税の比率が低く，ヨーロッパ主要国に比べ高い。所得税は所得の高い者から得る税金であるため，資産を多く保有するにも関わらず，所得の少ない者からは十分に徴収できない。そのため，消費税のような，消費から課税する間接税を増やし，多く消費をする者から多く税金を徴収する方が公平であるという考え方もある。

	直間比率 (直接税：間接税)
日本	68：32
アメリカ	76：24
イギリス	57：43
ドイツ	55：45
フランス	55：45

14

| 解 説 |

問1．正答は**ポートフォリオ**選択である。ポートフォリオの元々の意味は，書類などを保管したり，持ち運んだりするためのケースのことである。保有している金融資産の組み合わせを，金融資産の証書を保管するケースにたとえてポートフォリオという。金融資産(金融商品)にはそれぞれ，安全性(元本が保証されているか)，収益性(多くの利益を見込めるか)，流動性(現金に換

えることが容易か)に関する特徴があり，それらを考慮し，自分自身の置かれた立場にふさわしいポートフォリオを形成する。例えば，あまり多くの資産を有していない場合は，安全性と流動性を優先して金融資産を選択するべきである。逆に，十分な資産を有しているのであれば，収益性の高い金融資産を組み入れることを考えることができる。

問２．下線部(b)の直前に収益とリスクについて書いてあるので，収益とリスクについての傾向に関する設問であることがわかる。金融資産における収益とリスクの関係は「ハイリスク・ハイリターン」，「ローリスク・ローリターン」という言葉で表される通り，収益性の高い商品はリスクが高く，リスクの少ない商品は収益性が低い。正答はイである。下線部(b)には「確定的ではない」とあるが，収益性と安全性は，ほぼ，トレード・オフの関係にあると考えられる。将来，「安全で高利回り」という都合の良い金融商品に巡り合った場合は，疑ってかかることをお勧めする。ちなみに，収益性と流動性も，ほぼ，トレード・オフの関係にあり，換金ができない期間が長い金融商品ほど，収益性が高い傾向がある。また，有事の際に，すぐに換金できる金融商品のほうが安全性が高いと考えると流動性と安全性は両立する。

問３．グラフを一見して，日本では現金・預金の比率が高く，米国では債権(債券)・投資信託・株式・出資金の比率が高いことが見て取れるであろう。正答はウである。日本人は金融資産を保有する際に安全性を最重要視する傾向が群を抜いて強く，株式などの証券投資には消極的である。しかしながら，現代の金融においては，フィンテックと呼ばれる金融工学の目覚ましい発展により，民間企業が銀行から資金を借り入れて営業を行うというビジネス・モデルが衰退し始めている。このような状況の中で，銀行に過度に金融資産が集まることは好ましくはない。そのような考え方から，政府は「貯蓄から投資へ」というスローガンのもと，証券投資にかかる税金を減税したり，ＮＩＳＡ(ニーサ)やｉＤｅＣｏ(イデコ)などの証券投資に繋がる資産形成の手段を認めたりすることで，家計の金融資産を，預金から株式や債権(債券)，投資信託へと向けさせることを図っている。

第37回　検定試験問題解答　（各2点）

	問1	問2						問3	問4
1	イ	市	場	メ	カ	ニ	ズ ム	ウ	ア

	問1		問2	問3
2	寡 占	市場	ウ	イ

	問1		問2	問3	問4
3	補 完	財	イ	ア	ウ

	問1	問2	問3	問4
4	ア	ア	ウ	イ

	問1		問2	問3
5	超過	需 要	ウ	ア

	問1	問2	問3
6	ア	イ	ウ

	問1	問2	問3	問4
7	ウ	イ	ア	イ

	問1		問2	問3	問4
8	マ ク ロ	経済学	ウ	ア	イ

	問1	問2	問3		
9	イ	ウ	三 面 等 価		

	問1	問2	問3	問4
10	イ	ア	ウ	ア

	問1	問2	問3	問4
11	ア	ウ	イ	ウ

	問1	問2	問3	問4
12	イ	ア	イ	ビルトインスタビライザー

	問1	問2	問3	
13	ウ	ア	財政の	硬 直 化

	問1	問2	問3
14	ア	イ	ウ

第37回　検定試験問題の解説

1

解　説

問1. 下線部(a)に「早い者勝ち」,「先着順」とあることから, **イ**が正答であることが分かるであろう。すでに価格が決定している財においては, 一般的な手段である。しかし, 最初に意思表示をした人が最もその財を必要としている人とは限らない。本当にその財を必要としている人が, より高い価格でその財を購入しても良いと考えていたとすれば, 先着順が最も効率的な財の配分方法とは言えないであろう。希少性がある財を, どのように各経済主体に行き渡らせるかという課題を資源配分という。各選択肢は資源配分の方法について述べているが, いずれも効果的な資源配分とは言えない方法である。

問2. 正答は**市場メカニズム**である。個々の経済主体が, 自らの判断に基づいて売買を行うことにより, まるで「神の見えざる手」に導かれるように価格と数量を決定することで, 最も効率的な価格と数量での資源配分を実現できるメカニズムである。市場メカニズムと同じように用いられる用語に「マーケット・メカニズム」,「市場機構」などの用語があるが, 7文字と指定されていることから, 市場メカニズムが正答である。

問3. 一般的なオークションは, 低い価格からスタートし, 徐々に価格を上げ, 最後に残った人物(経済主体)がその財を購入できるシステムである。購入者は, 最後まで競合した人物が購入をあきらめた価格で財を購入できるため, 無駄に多くの費用を要することが無いという長所がある。このようなことを理解していれば正答が**ウ**であることが分かるであろう。イが誤答であることは明白であろう。アは文章中に「だけが」とある点や,「独り占め」ということは長所とは言えないことからも誤答である。

問4. 本文の第2段落にAがフリーマーケットアプリを利用していることが記述されているため, 正答が**ア**であることが推測できる。イのような行動も考えられるが, 問4の問題が「最も適切な」とあることからアが正答と判断することが正しい。ウは本文の主旨から大きくかけ離れているので誤答であることはすぐに分かるであろう。

2

解　説

問1. 完全競争とは, 差別化できない財を多数の売り手と多数の買い手が自由に売買している市場の状態をいう。それが実現できていない状況を不完全競争という。不完全競争には「独占」,「複占」,「寡占」,「独占的競争」がある。売り手が1社しか存在しない場合は「独占」, 2社しか存在しない場合は「複占」, 数社に限られている場合は「寡占」といい, 多くの売り手が, それぞれ差別化された財を供給している場合は「独占的競争」という。下線部(a)に数社とあることから, 正答が**寡占**であることが分かる。

問2. 同じ種類の財のなかで, 他の財とは異なる明確な特徴を持たせることを「差別化」という。差別化が実現し, 消費者がその差別化された点に価値を見出し, その財を指名買いするような状況, つまり,「競争の優位性」がある状況になれば, 他の財よりも価格が高くても購入者は存在する。このような状況を目指し, 各社が自社の製品に特徴を持たせ優位な立場になろうとするような企業間競争を差別化競争という。正答は**ウ**である。イは価格競争のことであり, 差別化できない財の市場で起きる競争である。アは特に意味のない誤答である。

問3. 本文と下線部(c)を読めば, 正答が**イ**であることは明白であろう。アとウについては仮想空間ではなく現実で行われている取り組みであるので, これらが誤答であることも明白である。「メタバース」上では, 一等地といえるような場所の不動産価格が高騰しており, 人目に付きやすい場所での広告の権利も高騰している。

3

解　説

問1. スマートフォンと保護フィルム, コーヒーと砂糖のように, 共に消費する傾向の強い財を**補完財**という。学生食堂のような, あらゆるメニューが有り, それぞれ単品で料理を選ぶ食堂を念頭に考えてみる。その食堂で,「1週間限定, かつ丼200円引き」というイベントを行い, その間に「みそ汁」や「漬け物」などの需要が増えたとすると,「かつ丼」と「みそ汁」,「漬け物」が一緒に消費されたと考えられ, それらは補完財であると推定できる。また,「パンの高騰により, ハンバーガーを100円値上げ」とした場合, それに合わせ,「フライドポテト」や「ジュ

ース」などの需要が減った場合もそれぞれが補完財であったと推定できる。補完財とは逆に，一方が値上がりすれば，もう一方の需要が増える財を代替財という。「牛丼」が値上がりして需要が減少したとき，「ラーメン」の需要が増えていれば，「ラーメン」は「牛丼」の代替財であると推定できる。

問2．カップ麺やポテトチップス，ペットボトルのお茶など，消費者にはそれぞれの財について，ブランドや商品ごとにとても好きから，あまり好きではない，嫌いなどの「好み」がある。この「好み」を選好という。企業は自社製品の選好が高くなるように，さまざまな取り組みを行っている。正答はイである。前後の文章などから判断しても，アとウが誤答であることは明白であろう。

問3．遠足のおやつが300円までと決められており，50円のガムと100円のチョコレートを買おうと思っている。それぞれいくつずつ買えば最も満足できるであろうか。最も満足できる組み合わせがガム4個とチョコレート1個の人や，ガムを2個とチョコレートを2個の人などがいるであろう。このような，限られた予算(予算制約)のなかで消費者が財を購入しようとするとき，自身の満足度(効用)が最大になるように，財の種類と量を選択することを最適消費という。正答はアである。大学等で学習する内容ではあるが，ミクロ経済学では予算制約線と無差別曲線の接点で最適消費が決定すると考える。イの需要法則は，価格が上昇すると需要量が減少するという法則であり，ウの所得効果は，消費者の所得の変化による，需要の増減のことである。通常，所得が増加すると需要も増加する。

問4．この文章で述べられているA社の取り組みは，(1)セットメニューの用意，(2)枝豆とトウモロコシを使ったサラダの開発，(3)Ｗｅｂサイトによる原産地や栄養バランスの紹介，(4)おもちゃが付いたセットメニューの提供，(5)持続可能な食材調達，そして，(6)それぞれのテレビＣＭの6点である。選択肢を見ると，アとイでは上記のような取り組みについては述べられておらず，ウが(3)のことを述べている。ゆえに正答はウである。

4

解説　問1．供給法則とは，価格が上昇すると供給量は増加し，価格が下落すると供給量は減少するというものである。供給のグラフでは縦軸を価格，横軸を数量として表現するので，供給法則が成り立っているとき，供給曲線は右上がりの曲線になる。直線や曲線が右上がりの状況，つまり，一方が増加すれば他方も増加するという状況，いわゆる正比例の状況を「傾きが正」と表現する。正答はアである。逆に右下がりの状況(反比例の状況)を「傾きが負」と表現する。一般的には供給曲線は右上がりになるが，供給は需要に比べて価格に対する反応が遅く，供給量は短期的に一定であることを示すために垂直の直線で供給曲線を表すこともある。

問2．45(万個)÷40(万個)＝1.125であることから，0.125の増加，つまり，12.5％の増加となる。正答はアである。

問3．供給の価格弾力性は，「価格の変化による供給量の変化の割合」である。このことから考えると，供給を価格で割っているウが正解であることが分かる。アは供給の価格弾力性の逆数であり，イは一般的にはあまり知られていない計算式である。

問4．本文とグラフを見れば，正解がイであることは容易に分かるであろう。価格の変化によって供給量が大きく変動することを，供給の価格弾力性が高いと表現する。価格弾力性が高いとき，供給曲線の傾きは緩やかになる。選択肢にある，市場価格と供給量の増加率の関係はまさに価格弾力性のことであり，傾きが緩やかなサッカーボールのほうが弾力性が高いと考える。ただし，マンゴーの価格が上昇し，農家が供給量を増やそうとしても，すぐに収穫量を増やすことは不可能である。サッカーボールも通常に稼働している工場で，急に生産量を増やすことは不可能である。このようにマンゴーのような農産物もサッカーボールのような工業品も，価格が上昇したからといっても，直ちに供給量を増加させることは困難である。それに対して，需要は価格の上がり下がりに敏感に反応する。このようなことから，供給の価格弾力性は需要の価格弾力性よりも低いと考えることが普通である。

5

解説　問1．グラフから読み取ると，価格が80円の時，需要量が120万個，供給量が80万個である。需要の方が40万個多く，このような需要が供給を上回る状況を超過需要という。超過需要の時，市場では品不足や品切れが発生し，価格が高くてもその財を購入したいという力が働く。この力が

本文にある「市場価格を押し上げる圧力」となり，価格を押し上げ，均衡価格に落ち着くことになる。

問2．市場価格が120円の状況をグラフから読み取れば，需要量80万個，供給量が120万個である。正答は**ウ**である。この場合は問1とは逆に超過供給の状態であり，品余りが生じており，価格を下げてでも売ろうとする気持ちから，価格が均衡価格まで下がることになる。

問3．「完全競争の市場」とは，差別化できない財が取引され，価格支配力のない多くの参加者(プライス・テイカー)によって構成されている市場である。完全競争市場では需要と供給が一致する均衡点において最適な価格(均衡価格)と数量(均衡量)が実現され，そのことを競争均衡や市場均衡という。正答は**ア**である。イの過当競争は，度が過ぎた競争が行われている状態である。経済では，主に供給側の企業が激しく競争をしている状態のことであり，利益が出ないような価格，場合によっては原価を下回るような価格で取引されている状態をいう。ウの価格規制とは，政府などにより価格が規制されている状態のことであり，公共料金などにみられる状態である。

6
解説 問1．「土地・資本・労働」を生産要素という。正解は**ア**である。よく，混乱するものに経営資源があり，こちらは，「人的資源・物的資源・財務的資源・情報的資源」を指すことが多く，「ヒト・モノ・カネ・情報」といわれる。イの経済主体は「政府・企業・家計」に分類される，国内経済を形成するメンバーのことである。ウの経世済民とは中国の古典に起源のある熟語で，経済という言葉の語源になった熟語である。

問2．賃金率とは，時間あたり，通常は1時間あたりの賃金を指すことが一般的である。他には，「1個売るといくら」や「1個作るといくら」といった出来高による賃金率がある。選択肢はそれぞれ分母が労働時間で統一されているので，分子を見ると，現金給与総額を分子としている**イ**が正答である。アの割増賃金とは，時間外労働などの際に基本給に加えて支払われる賃金のことであり，ウの現物支給は現金以外のもの(多くは自社製品)で賃金を支払うことであり，共に誤答であることは容易に分かる。給与の支払いには現金払いの原則というものがあり，現物支給は原則として認められていない。

問3．組織の規模が大きくなることにより効率性が失われる理由を問う問題である。選択肢を見てみると，アには「大規模な組織では，在宅勤務が主流であり」という部分，イには「大規模な組織では，経営者の命令がその場の思いつきで朝令暮改のように変わる」という部分があるが，それぞれ，特に「大規模な組織」の特徴とはいえないことから，誤答であることが分かるであろう。正解は**ウ**である。

7
解説 問1．問題にあるガソリン税(揮発油税)はガソリンの製造者もしくは輸入者である生産者が納める税であり，消費者などのガソリンの購入者が購入時に負担している。このように負担する者と納める者が異なる税を間接税といい，他に消費税や酒税などがある。それに対して所得税や住民税などは，税を負担する者自身が税を納めるものであり直接税といわれる。正答は**ウ**である。アの目的税とは，特定の目的のために使われる財源となる税であり，東日本大震災の復興のための「復興特別所得税」などがある。

問2．ガソリン価格が1リットルあたり80円で均衡しているとき，1リットルあたり40円の税金が課税されることになると，1リットルあたり120円と考えられる。需要曲線上に1リットルあたり120円の点は存在しない。つまり，1リットルあたり120円で購入する需要はないため，需要が需要曲線上で減少しながら，1リットルあたり100円の点に落ち着く。もともとの価格の80円から考えると，需要側の消費者の負担増は20円だけであり，残りの20円は供給側の企業が粗利益を20円減らすことで負担していることになる。その企業が負担している部分を表しているのがグラフの②の部分であり，正答は**イ**である。アの①の部分が，消費者が負担している部分と考えられる。

問3．規制や介入のない市場を自由市場という。自由市場のなかで，差別化できない均質的な財を，多数の売り手と買い手が取り引きする市場を完全自由市場という。正答は**ア**である。イの金融市場は資金が取引される市場のことであり，ウのレモンの市場は，情報の非対称性が原因となり，品質の低い財ばかりになってしまう市場のことである。

問4．本文の10行目から11行目にかけて，選択肢のイと同様の内容の文があり，**イ**が正答であることが分かる。補助金を支給しガソリンの価格の上昇を抑えれば，税収の減少をある程度抑えることができるが，補助金の支給により税収が相殺されるため，アが正答であるとは考えづらい。補助金の支給によりガソリン価格を抑えれば，ガソリン車に乗るメリットが起きるため，ウはそもそも矛盾している。

8

解説 　問1．経済学は伝統的にミクロ経済学とマクロ経済学の二つの専門分野に大別される。言葉から連想できるとおり，ミクロ経済学は小さなところから経済を分析する手法であり，マクロ経済学は大きなところから経済を分析する手法である。具体的には，ミクロ経済学は家計や企業といった経済主体の行動を分析対象とし，そこから市場全体を予想し経済を分析する科学であり，マクロ経済学は国民総生産や物価，失業率といった国民経済全体を分析対象とし，そこから経済政策や将来の経済を分析する科学である。本文に「一つ目」として述べられているものがミクロ経済学であり，「二つ目」として述べられているものがマクロ経済学である。よって正答は**マクロ**である。

　問2．ＧＤＰ（国内総生産）の計算の基本として，「最終生産物＝付加価値の合計」という関係があることは繰り返し学習していることであろう。正解は**ウ**の最終生産物である。それぞれの財が最終生産物であるのか中間生産物であるのかを判断することは難しい。例えば，パンは家計によって消費されれば最終生産物であるが，レストランでサンドウィッチに加工されて提供されれば中間生産物である。よって，ＧＤＰを計算するには付加価値の合計が用いられる。アの利子収入は言葉のとおり，利子による収入である。イの購買力平価は，適切な為替レートなどを論ずるときに用いられる説で，他国と日本で同じ財やサービスを購入するときにかかる費用で為替レートを考えようとするものである。例えば，全く同じ品質で提供されているハンバーガーがアメリカで6ドル，日本では420円で提供されているとすれば，6ドル＝420円，つまり，1ドル＝70円が適正な為替レートであると考えるものである。ともに，問題とは大きくかけ離れており，誤答である。

　問3．下線部(c)の直後に述べられている通り，ＧＤＰは一定の期間に水が流れた量にあたり，フロー変数に該当する。正答は**ア**である。財務諸表で考えれば，一定期間の経営成績を示す損益計算書，および，それを構成する収益や費用はフロー変数であり，一定時点の財政状態を示す貸借対照表，および，それを構成する資産・負債・資本はストック変数である。

　問4．経済が対象とする市場は，財・サービス市場，金融市場，労働市場の三つである。それぞれ，価格，利子，賃金により，需要と供給が調整されている。言い換えれば，価格や利子，賃金などが支払われないものは「市場において取引されないもの」と判断してよい。このことから，賃金が支払われない家事労働，ボランティア活動の**イ**が正答であると判断できる。アやウの活動にはすべて賃金が支払われているので誤答である。

9

解説 　問1．財やサービス，貨幣などは，経済活動を通じて，各経済主体の間を常に移動している。このことを**イ**の経済循環という。似た言葉に景気循環というものがあるが，景気循環は，景気が好況と不況を波のように繰り返すことをいう。アの経済摩擦は，貿易の不均衡などによって起こる，二国間の対立をいう。わが国では，高度経済成長時代からバブル経済時代にアメリカと経済摩擦が生じた。現在では米中間の経済摩擦がよく話題になる。ウの経済制裁は，政治的な問題などがある国に対して，輸出を制限する等の制裁行為を行うことである。2022年以降，多くの国がロシアに対して経済制裁を行っている。

　問2．ＧＤＰは付加価値の合計であるが，企業などが生み出した付加価値（収入）は賃金（雇用者報酬）や生産設備の減耗のための備え（固定資産減耗）として使われ，残りは営業余剰となる。これが分配からみたＧＤＰである。しかし，企業の収入は企業が得る前に消費税などの間接税によって一部引かれているので，これらの間接税を加えなければならず，この間接税のことを「生産・輸入品にかかる税」という。また，企業が分配する資金のなかには，企業が得た付加価値ではなく，補助金として支給された資金が含まれていることがあるので，それらの補助金を引かなければならない。これらのことが下線部(b)の意味である。ゆえに正答は**ウ**である。アは所得税について書かれているが，所得税や法人税などの直接税は雇用者報酬や営業余剰に含まれてい

ると考えるので誤答である。イの自動車税は直接税であることのほか，そもそも家計の税金について述べているので誤答である。

問3．正解は**三面等価**である。企業が生み出した付加価値の合計（生産面からみたＧＤＰ）を，企業は従業員への給料や設備への備え，税金などとして分配する（分配面からみたＧＤＰ）。そして，分配された資金を家計や政府，企業が財やサービスを購入などのために支出する（支出面からみたＧＤＰ）。この三つのＧＤＰの考え方は，同じものを別の側面からみたものであり。これらの金額は一致する。このことを三面等価という。

10

解説

問1．ＧＤＰは一国全体で企業などが生み出した付加価値の合計である。しかし，日本は生み出そうと思えば，もっと多くのＧＤＰを生み出すことができる。もし，失業者などが全員雇用され，企業などの生産設備などがフル稼働することができたと仮定して，そこで生み出せるＧＤＰを潜在ＧＤＰという。正答はイである。アのＧＤＰデフレーターは名目ＧＤＰと実質ＧＤＰから作成された物価指数のことであり，ウのＭ３はマネーストックの種類の内の一つである。

問2．生産年齢人口とは15歳から64歳までの人口のことである。正答はアである。生産年齢人口に対し，14歳以下の人口を年少人口，65歳以上の人口を老年人口という。生産年齢人口のうち，働く意志のある者の人口を労働力人口といい，具体的には15歳以上の就業者と完全失業者の合計をいう。

問3．労働供給はその量（時間）と実質賃金（金額）をかけて計算する。このように労働供給量は時間で表すものであり，正答はウである。１日の労働供給量は「24時間－余暇」で決定する。ここでの余暇は労働をしていない時間を示し，睡眠なども含めて考える。余暇は増えるほど効用が増加するが，限界効用は逓減する。つまり，「余暇はうれしいが，長すぎてもうれしくない」ということから，最適な余暇時間を考え，24時間からその時間を引くことによって最適な労働供給量を求める。

問4．下線部(d)と選択肢を読めば，正答がアであることは容易に分かるであろう。「社会の変化に合致」と「社会の必要性」はほぼ同じ意味である。例えば，社会が脱炭素社会を望む状況では，それに合致した産業が大きな付加価値を生み出すことができる。このようなことを下線部(d)は述べている。

11

解説

問1．2022年，わが国では２％を超える物価上昇が観察された。長くデフレーションの状態であったわが国で２％を超える物価上昇はおよそ30年ぶりであった。しかし，今回，物価上昇によってデフレから脱却したことを喜ぶ声は聞かれない。これは，今回の物価上昇が，需要の増加によってもたらされた物価上昇ではなく，原材料費の高騰によってもたらされた物価上昇であるからである。景気拡大などによる所得の増加などによって，総需要が増加（プラスの需要ショック）したことをきっかけに物価が上昇する現象を，需要が引っ張るインフレーションという意味で「ディマンド-プル-インフレーション」という。正解はアである。一般に，緩やかなディマンド-プル-インフレーションを「良いインフレ」と考える向きが多い。それに対して，今回のわが国での物価上昇のような，原材料費や物流費などの値上がりが財やサービスの価格を押し上げることによって引き起こされる物価上昇を，費用が押し上げるインフレーションという意味で，「コスト-プッシュ-インフレーション」という。コスト-プッシュ-インフレーションは景気の拡大に伴うものではないので，実質所得の減少を引き起こすので「悪いインフレ」と考えられる。そして，コスト-プッシュ-インフレーションと景気後退が同時に起こることをスタグフレーションという。ウの「輸入インフレーション」は円安などの影響により輸入費の価格が上昇することにより，国内の物価が上昇することで起きるインフレーションであり，コスト-プッシュ-インフレーションに含まれる。

問2．第一次オイルショックは1973年に発生し，狂乱物価といわれる急激な物価上昇が起きた。正答はウである。第一次オイルショックは1973年の第四次中東戦争により引き起こされ，第二次オイルショックは1979年のイラン革命によって引き起こされた。イはこの第二次オイルショックについて述べている。わが国の石油は中東からの輸入に頼っている部分が多く，中東の政治や経済の情勢はわが国の経済に大きな影響を与える。そのため，物価を論じるときにエネルギー価格を除く指数，いわゆるコアコア指数を用いることがある。ベビーブームがプラスの需要シ

ョックを直ちに引き起こすものであるかは定かではないが，1949年にアメリカが立案した経済政策（ドッジ・ライン）により，物価の安定が始まったことに加えて，1950年ころからみられるようになった朝鮮特需が発生したことにより，1950年代前後は緩やかなインフレーションが起きていた。

問3．貨幣も財と同様に，供給量を増やせば価値が下がり，供給量を減らすと価値が上がる。つまり，市場における貨幣量を増加させれば貨幣価値が減少するので，貨幣量の増加について述べているイが正答であることが分かる。イは，いわゆる買いオペレーションのことであり，資金供給のためのオペレーションである。アは，いわゆる売りオペレーションのことで，資金吸収のために行うことであり，市場の貨幣量は減少し，貨幣価値が高め，物価を抑えるための金融政策である。ウも資金吸収のためのオペレーションの手段である。

問4．下線部(d)にあるような，市場に流通する貨幣の総量とその流通速度によって物価が決まるという考え方を貨幣数量説という。正答はウである。貨幣数量説は日本銀行の金融政策の柱となる理論である。一般に金融政策によって景気を安定させようとする，貨幣数量説を支持する経済学者をマネタリストといい，それに対し，不景気からの脱出のためには公共事業などの政府支出を増やすべきだといった，裁量的な財政政策を支持する経済学者をケインジアンという。アのマネタリー・ベースは現金通貨と市中銀行が日本銀行に預けている当座預金の合計の金額のことで，マネタリー・ベースを増加させることで，マネーストックを大きく増加させることを信用創造という。イのスタグフレーションはインフレーションと景気後退が同時に起こる現象のことである。アとイはともに考え方ではなく誤答であることは明らかである。

12

解説　問1．理想的な市場を実現するための前提条件には，まず，完全競争市場が実現されることがある。完全競争市場は，多数の売り手と買い手が価格決定権のないプライス・テイカーとなる市場である。これにより，アとウが誤答であるといえる。その他の前提条件として，売り手と買い手の間に情報の格差，いわゆる，情報の非対称性が存在しないことなどがある。このことについて述べているイが正答である。情報の非対称性は，売り手が買い手よりも正確な情報を所有していることから生じる。情報の非対称性が起こると，売り手は程度の良い財を売ろうとしなくなるため，品質の悪い財ばかりで構成される「レモンの市場」を形成してしまう。

問2．正答はアの公共財である。公共財の定義は競合性と排除性を持たないことである。一般的な財は，その財を購入した人のものであり，他の人は所有できない。このことを競合性があるという。また，一般的な財は，料金を支払わない人（フリーライダー）の所有や使用を排除できる性質がある。このことを排除性があるという。公共財とはこの競合性と排除性の両方を持たない，つまり，複数の人が同時に利用することが可能で料金の徴収が困難な財をいう。イの消費財は，主に家計が消費する財のことであり，企業が生産のために利用する生産財に対する言葉である。ウの知的財産は，著作権と産業財産権（特許権など）のことである。

問3．よく選択肢を読めば，簡単な問題である。累進税は所得が大きいほど高い税率を課されるものである。また，失業保険がいつでも所得の保障が受けられるものであれば，勤労する意欲は失われてしまうであろう。正答はイである。

問4．財政政策には，景気の安定を目指して政府が意図的に行う公共事業の拡大や縮小，増税・減税，補助金や交付金などの，いわゆる裁量的な財政政策と，累進税制度や社会保障給付などのように，景気の変動によって自動的に発動される自動安定化装置がある。自動安定化装置をビルト-イン-スタビライザーという。

13

解説　問1．表を見れば，欧米諸国の中で最も債務残高（対ＧＤＰ比）が大きい国がイタリアであることは一目瞭然である。2020年のイタリアの133.7%に対して，日本は237.6%であり，約104%高い状況である。このことから，正答はウである。表にある国々はＧ７を構成している７か国である。わが国の債務は，その多くを国内から調達しているので問題はないという意見や，国の債務は，国が通貨を発行することで返済できるので問題はないという意見などもあるが，日本の債務残高は先進国のなかでも特に裕福な国々といわれるＧ７のなかで突出して多い状態であり，リーマンショックに端を発したヨーロッパでの金融危機の際，債務残高が特に多く，大きな問題となった「ＰＩＧＳ」といわれた諸国，ポルトガル，イタリア，ギリシャ，スペインの一つであ

るイタリアに比べてもはるかに大きいことを忘れてはいけないであろう。

問2．国の予算は「単年度主義」という原則に基づいて，その年の歳出は，その年の歳入でまかない，原則，歳出を補うための国債の発行は禁じられている。しかし，道路や橋などの公共施設は数十年にわたって利用するものであり，その費用は将来にわたって負担するべきという考えもあり，そのような目的のための国債は発行が認められている。それを建設国債という。建設国債の使途として認められているのは公共事業費のほか，貸付金と出資金である。この3つのいずれかにあてはまるのは**ア**である。イの海外への援助には無償援助のほか，円借款といわれる貸付金での援助もあり，建設国債の発行が可能であるが，一般的には財政投融資が財源として使われている。ウは論外の話である。

問3．国債費とは，国債の利子の支払いや償還に充てられる費用のことである。国債の発行残高が増加し，国債費が増大することによって，歳出の使い道の多くを占めるようになると，新しい政策などが実施できなくなる。このようなことを財政の**硬直化**という。家計に置き換えると，不動産や自家用車の購入のため，多くの借り入れをすると，月給や賞与などの収入の多くをその返済や利払いに充てなければならなくなり，自由に使える資金が不足してしまうような状態である。もし，家計が，きちんとした計画もなく，再び借り入れをすることによってその費用を支払おうとすれば，家計が火の車になってしまう可能性がある。この問題で示されている事実をきちんと認識し，日本の財政の現状について，もう一度，考えてみることも重要であろう。

14

解説 問1．問2でも説明するが，投資にはリスクがつきものである。将来には不確実性があるため，リスクを完全に回避することは不可能である。このようななか，リスクを回避しながら収益を望む方法として，分散投資という考えがある。本文で卵の例で説明している通り，資産を，株式や債券，預金など，様々な種類に投資すること，そして，例えば株式であるならば，様々な企業に投資する，債券や預金であるならば，円建てとドル建ての双方を保有するなどといった方法が分散投資である。分散投資の際，保有する金融資産の組み合わせをポートフォリオといい，最適なポートフォリオを実現するために金融商品を選択することをポートフォリオ選択という。正答は**ア**である。イの逆選択は，情報の非対称性が起きている市場において，質の高い財が市場から排除され，質の低い財ばかりになる現象をいう。ウの公開市場操作は，市場で債券などを売買することによって利子率を操作する金融政策のことである。

問2．投資には，ハイリスク・ハイリターン，ローリスク・ローリターンという原則がある。高い収益が期待できる投資商品には危険が付きまとい，安全な商品では大きな収益を見込むことができないという意味である。この原則にあてはまらない投資商品は間違いなく存在しない。もし，安全かつ高収益という投資商品を勧められたら，必ず疑ってかかる必要がある。この原則にあてはまる**イ**が正答である。もし，選択肢のイをより正確に記述するのであれば，「金融資産の運用でハイリターンを得ようとするならば，ハイリスクを覚悟しなければならない」となる。ハイリスクの金融資産が必ずしもハイリターンであるとは限らない。

問3．証券化とは英語の「securitization（セキュリタイゼーション）」を翻訳した言葉である。不動産や預金，貸付金などの債権（逆の視点からみれば債務）を有価証券にして売却することである。有価証券にして売却することによって，不動産や預金，貸付金を所有していた企業は，それを現金化することができるほか，それぞれの資産が小口の有価証券となることで，多くの投資家が購入し易くなり，また，売却もしやすいため，資産の流動化が進む。しかし，証券化するということは，間接金融から直接金融に移行するということである。間接金融で銀行などの金融機関が負っていたリスクを，直接金融である証券化により，投資家にそのリスクを負わせるということである。このようなことから，正答は**ウ**である。2000年頃，不動産バブルが起きていたアメリカで，購入した不動産が値上がりすることを見越して，本来は融資条件を満たさないような返済能力の低い人や信用履歴に悪い情報がある人にも資金を貸し出す，いわゆる，サブプライム・ローンというものがあった。もし，ローンの返済がされなくても，担保である不動産がバブルによって値上りしていれば，その不動産を差し押さえれば良いというストーリーであったが，バブルが崩壊し不動産の値下がりが始まり，このストーリーはあえなく夢物語となった。このサブプライム・ローンを証券化し売り出していたリーマン・ブラザーズが倒産したことにより，証券化された金融商品を保有していた世界中の金融機関の経営状況が悪化し，国際的な金融危機に陥った。これがリーマンショックである。リーマン・ブラザーズは「証券を

うみ出した者」,「証券を販売したもの」であるが,リーマン・ブラザーズは融資していた時点
からリスクを引き受けていたので,正答はウと考えるのが適切である。

も　く　じ

本書の特色と使い方

必修用語の確認 302 ················『ビジネス経済』の教科書を徹底的に分析し，学習の基本となる用語を項目別に選び出し，関連性に配慮しながら出題順に配列しました。記述式の問題に答えながら，学習した内容がどれだけ身についているかを確認しましょう。

第 1 回〜第 3 回模擬試験問題 ……検定試験と同形式の模擬試験です。項目ごとの各論的な問題から，いくつかの項目にまたがった総合的な問題まで，実際の試験を想定して問題をそろえました。

第36回〜第37回検定試験問題 ……実際の試験により近い形で直前対策が行えます。

模擬試験問題の内容・構成は，下記の項目別出題基準を踏まえました。

(1)ビジネスと経済	7 問
(2)需要と供給	7 問
(3)価格決定と市場の役割	11問
(4)経済成長と景気循環	15問
(5)経済政策	10問

各 2 点・計50問

必修用語の確認 302

Introduction

1	経済現象の法則を研究する学問を何というか。また，それは，市場を構成する消費者や企業に注目して，それらの動きや市場のしくみについて考える微視的なものと，国の豊かさや政府の役割に注目して，経済社会全体の動きについて考える巨視的なものとに大別されるが，そのそれぞれを何というか。	
2	消費者や企業をゲームのプレーヤーになぞらえ，さまざまな状況のなかで彼らがどのように行動するかを分析する理論を何というか。	
3	経済学を数学的に精密化し，理論経済学や応用経済学の分野で活躍して，近代経済学の父とも称される経済学者はだれか。	
4	J. M. ケインズの『一般理論』を体系化し，それをIS-LM理論として発表したことを最大の業績とする経済学者はだれか。	
5	市場の競争原理をもっと活用し，規制のない自由な経済を作り上げるべきだと主張して，貨幣数量説（マネタリズム）を提唱した経済学者はだれか。	
6	市場のプレーヤー同士が提携できない非協力ゲームの均衡を分析し，ゲーム理論の枠組みを確立して，経済の発展に大きく貢献した経済学者はだれか。	
7	IS-LM理論を応用して，固定相場制や変動相場制における金融政策や財政政策の国民所得に与える影響を研究した経済学者はだれか。	
8	財の品質が買い手にとって未知であるために不良品ばかりが出回ってしまう市場を「レモンの市場」と名づけ，情報の非対称性に関する研究を行った経済学者はだれか。	
9	多くの小売店が廃業してシャッターを下ろし，さびれてしまった商店街は，一般的に何と呼ばれているか。	
10	ある地方に古くからあり，その地方に定着している特殊な産業を何というか。	
11	商品やサービスの売り手と買い手が出会う具体的な場所，または需要と供給の間に存在する交換関係のことを何というか。	
12	人間の共同生活を維持・発展させるために必要な，商品やサービスの生産・分配・消費に関連する活動を何というか。	
13	生活のために必要なものを自ら生産し，自ら消費することを何というか。	
14	余剰生産物，すなわち消費しきれず余った物を互いに交換し合うことを何というか。また，それが成立する前提として，自分は相手が不要とするものを望み，相手は自分が不要とするものを望むという需給の一致を何というか。	

答

Introduction

見返しから口絵まで
1　世界の中の日本経済
2　市場に囲まれた生活
3　市場の成立

1 経済学 ── 1 ミクロ経済学（マイクロ経済学）／1 マクロ経済学　　2 ゲーム理論

── ノーベル経済学賞の系譜 ──
3 ポール＝サミュエルソン（1970年受賞）　　4 ジョン＝ヒックス（1972年受賞）
5 ミルトン＝フリードマン（1976年受賞）　　6 ジョン＝ナッシュ（1994年受賞）
7 ロバート＝マンデル（1999年受賞）　　8 ジョージ＝アカロフ（2001年受賞）

9 シャッター通り　　　　　　　　　10 地場産業
11 市場　　　　　　　　　　　　　　12 経済活動
13 自給自足　　　　　　　　　　　　14 物々交換──14 欲望の二重の一致

15	交換の仲立ちとして，売買を成立させる道具を何というか。	
16	貨幣は当初，だれもが価値を認める自然物や商品であったが，それは次第に保存や持ち運びに便利な金・銀・銅などに置き換わっていき，さらに現在では，国家が法に基づいて強制通用力をもたせたものが貨幣となっている。これら3種類の貨幣をそれぞれ何というか。	
17	ある製造業者内での作業工程上の分業を何というか。また，複数・多数の製造業者にまたがった分業や，生産・卸売・小売・金融・物流・情報通信といった職業上の分業を総称して何というか。	

Ⅰ 市場と経済

1	生産や消費などの経済活動に利用されるものを何というか。また，そのうち，形のないものを特に何というか。	
2	有形財や無形財を作り出すための経済活動を何というか。また，人が，その作り出された財を使って生を長らえ，生活を維持していくための活動を何というか。	
3	一定の時間を企業などに売り，その指示のもとで生産活動などに従事して，代わりに報酬を得る活動を何というか。また，それが売買される具体的または抽象的な市場を何というか。	
4	労働1単位あたりの報酬額として計算・表示され，労働の価格としての意味を持つものを何というか。また，それはどのような計算式で求められるか。	
5	経済活動を行っている3種類のプレーヤーを総称して何というか。また，そのうち，主に労働や消費を行うもの，営利目的で生産などを行うもの，および公共サービスの提供と経済活動の調整を主な任務とするものをそれぞれ何というか。	
6	生産や消費のためにさまざまな財がどの経済主体にどれだけ利用されるかという財の配分のことを何というか。	
7	財の配分をどのように行うかを決める社会的なしくみのことを何というか。	
8	資源配分メカニズムのうち，くじやサイコロ，カードなどを使って一定の当選確率のもとで行われるもの，せりや競売などと称されるもの，および需要と供給のバランスがとれる価格で配分を実施するものをそれぞれ何というか。	

答

15貨幣 ┬ 16物品貨幣
      ├ 16金属貨幣
      └ 16信用貨幣

［2種類の分業］┬ 17技術的分業
              └ 17社会的分業

Ⅰ 市場と経済

1 資源配分のしくみ

1財 ── 1サービス 2生産 ── 2消費

3労働 ── 3労働市場 4賃金率＝現金給与総額÷労働時間

5経済主体 ┬ 5家計   6資源配分 7資源配分メカニズム ┬ 8抽選
          ├ 5企業   ├ 8オークション
          └ 5政府   └ 8市場メカニズム

9	無駄がないことを何というか。また、それとは反対に無駄が見られること、または無駄が多いことを何というか。	
10	人々の間で広く一般的に行われているならわしのことを何というか。	
11	役割分担や指揮命令系統が明確化された人間の集団のことを何というか。	
12	市場メカニズムが資源配分メカニズムの中心として機能している経済体制と、すべての財の資源配分を組織(計画当局)が行う経済体制をそれぞれ何というか。	
13	工場や社屋などの地代や家賃のように取引の規模が変わっても変動しない費用と、原材料費に代表されるような取引の規模によって変動する費用のことをそれぞれ何というか。	
14	得られる収益に対して、かかる費用が相対的に多いことと、反対に少ないことをそれぞれ何というか。	
15	市場経済が始まる以前から、一定の日に人々がそれぞれ財を持ち寄って交換を行っていた場所を何というか。	
16	「足りない物を捕う」という資源配分のための補完的機能しかなかった市場を何というか。	
17	こんにち、市場で取引される財のなかで無形財の割合が高まってきているが、このような現象を何というか。	
18	情報技術の進歩により、新しいサービスが出現し、市場における取引形態自体が変化している現象を何というか。	
19	国際取引が進展し、企業自体が多国籍化している現象を何というか。	
20	最近ではICT(Information and Communication Technology)と称することも多くなったが、おもにコンピュータとそのネットワークに関連する情報通信技術のことを総称して何というか。	
21	小売店において、単品ごとの商品管理(販売管理・在庫管理)や詳細な顧客管理などを可能にしたコンピューター-システムを何というか。なお、そのシステムは、販売時点情報管理システムと邦訳される。	
22	おもに既存の企業が手を出しにくい分野において、独創的な新技術により画期的な新製品やサービスを開発したり、ユニークな発想で新たなビジネス形態を創造したりして、新規の市場を積極的に開発している中小企業を特に何というか。	

答

9 効率的── 9 非効率的　　　10 社会慣習

11 組織

[2種類の経済体制]──┬─ 12 市場経済
　　　　　　　　　　　└─ 12 計画経済

[性質の異なる2種類の費用]──┬─ 13 固定費(FC)
　　　　　　　　　　　　　　└─ 13 変動費(VC)

[得られる収益とかかる費用の関係]──┬─ 14 割高
　　　　　　　　　　　　　　　　　└─ 14 割安

2　現代の市場経済とビジネス

15 市(定期市)　　　　　　16 むかしの市場

　　　　　　　　　　　┌─ 17 サービス化　　　20 IT(情報技術)
[経済における三つの傾向]──┼─ 18 情報化　　　　　21 POSシステム
　　　　　　　　　　　└─ 19 国際化　　　　　22 ベンチャー企業

23	企業の本社・支社・営業所・工場はもちろんのこと，仕入先や販売先，さらには株式を上場する取引所などがさまざまな国に分散して，実質的にはどこの国の企業ともいえなくなる現象を何というか。	
24	資金の融通が行われる市場を何というか。また，銀行・証券会社・保険会社など，その主要な構成員を総称して何というか。	
25	各経済主体の収入と支出のタイミングのずれを調整し，それぞれがより有効にお金を使えるようにする機能を何というか。	
26	私たちが日々の生活や仕事をしていくなかで，突然の困難に見舞われる可能性，すなわち，経済的な危険性のことを何というか。	
27	一定のしくみにより，突然の困難に見舞われる可能性を分け合う機能を何というか。	
28	資金が余っている人や企業とそれが不足している人や企業の間を，預金と貸し出しという形で銀行が仲立ちをすることを何というか。	
29	金融機関へお金を預けることを何というか。また，資金の預け入れ・貸し出しの報酬のことを何というか。	
30	一定のしくみによって企業や個人のリスクを低減させるサービスを何というか。また，そのサービスを受けるために企業や個人が支払う費用(料金)と，被害や損害を受けた者がそれを補うために受け取る一定の金額をそれぞれ何というか。	
31	医療に関連して開発された保険を総称して何というか。また，それには，がんや高度医療に関するものなど，さまざまなものがあるが，そのうち，加入者が入院したとき，契約条件に従って保険金が支払われるものを何というか。	
32	株式・債券・為替といった従来のものから派生した金融商品のことを何というか。また，その主な形態を何というか(4種類)。	
33	3か月後や半年後など，将来のある時点に，あらかじめ定めた価格と数量で財を売買する契約を何というか。	
34	為替や実物商品(金や小豆など)について，将来の価格変動によって損失が生じるリスクを何というか。	
35	わが国において，1990年代なかばから実施された大規模な金融制度改革を何というか。	
36	金融には，銀行が預金・融資といった契約の当事者となり，銀行経由の貸借として行われる形態と，資金の借り手である企業と貸し手である債券の購入者の直接契約によって行われる形態があるが，そのそれぞれを何というか。	

答

23 多国籍化

24 金融市場──24 金融機関　　　25 異時点間の資源配分機能

26 リスク　　　27 リスク配分機能

28 貸し借りの仲介　　　29 預金──29 利子(利息)

30 保険──30 保険料──30 保険金　　　31 医療保険──31 入院保険

32 金融派生商品(デリバティブ)
- 32 先渡し(フォワード：forward)
- 32 先物(フューチャー：future)　　33 先物
- 32 交換(スワップ：swap)
- 32 選択権(オプション：option)

34 価格変動リスク　　　35 金融ビッグバン

[経路による金融の分類]
- 36 間接金融
- 36 直接金融

37	数学や経済学，統計学など高度な数理的手法を用いて，金融商品の高収益化やリスク管理などについて研究する学問を特に何というか。	
38	2008年に発生したアメリカの投資銀行，リーマン－ブラザーズの破綻がきっかけとなり，世界の経済にマイナスの影響を生じた金融危機を何というか。	
39	同じカテゴリーに属する複数の財の間に若干の違いをもたせることを何というか。	
40	非常にたくさんの企業が存在し，差別化されていない財が取引されていて，しかも，売り手も買い手も取引される財の価格や品質などについて正確な情報を持っている市場を何というか。	
41	そこで活動する企業がただ一つしか存在しない市場を何というか。また，そのうち，自然発生的に生じたものを何というか。	
42	数社，具体的には，2社以上，多くとも十数社程度の企業しか存在しない市場を何というか。	
43	多数の企業が存在するが，各社は差別化された財を販売することでそれぞれ固有の顧客層を持っている市場を何というか。	
44	それまでの商品やしくみなどに，まったく新しい技術や考え方を取り入れ，新たな価値を生み出して社会的に大きな変化をもたらすことを何というか。	
45	市場を活性化し，効率性を促進して，革新を生み出す市場経済の特徴を何というか。なお，それには，少しでも価格を引き下げることで買い手を引きつけようとするものと，同じカテゴリーに属する財の間に違いを持たせ，各社がそれを強調し合って固有の顧客層を得ようとするものがあるが，そのそれぞれを何というか。	

Ⅱ　需要と供給

1	ある財の市場における買い手側の状態のことと，その買い手のことをそれぞれ何というか。また，ある財の価格が一定の金額のときに，買い手全体がその財を購入したいと思う量のことを何というか。	
2	価格と需要量の関係を表に表したものを何というか。また，縦軸に価格を，横軸に需要量をとり，両者の関係をグラフに描いたものを何というか。	
3	需要曲線に代表されるように，縦軸と横軸の間に逆の関係(傾きが負)が成り立っている状況を何というか。	
4	縦軸に価格を，横軸に需要量をとった場合，両者の関係を示す需要曲線は右下がり，すなわち傾きが負になるという法則を何というか。	

答
37 金融工学　　38 リーマン－ショック
39 差別化

```
                    ┌─ 40 完全競争市場
                    ├─ 41 独占市場 ──┬─ 41 自然独占
[市場の種類]────────┤              └─ [国家の規制によって生じる独占]
                    ├─ 42 寡占市場
                    └─ 43 独占的競争市場

44 技術革新(イノベーション)    45 競争[の種類]──┬─ 45 価格競争
                                              └─ 45 差別化競争
```

Ⅱ　需要と供給

1　需要の概念と需要の変化
1 需要──1 需要者──1 需要量　　2 需要表──2 需要曲線
3 右下がり　　　　　　　　　　　4 需要法則

5	ある財に対するすべての消費者の需要を足し合わせたものを何というか。また，それに対して，価格や所得などの変化が引き起こす現象を何というか。	
6	ある財を購入・使用・消費することから得られる消費者の満足度のことを何というか。	
7	限られた予算のなかで効用が最大になるように，消費者が財の種類と量を選択して消費することを何というか。	
8	新たに追加して消費した1個の財から得られる"効用の増加分"を何というか。	
9	通常，消費量が増えれば増えるほど，新たに追加して消費した1個の財から得られる効用は小さくなっていくが，そのような法則を何というか。	
10	収入から経費を差し引いたもので，需要者の使用可能な予算額のことを何というか。	
11	ある財の価格が下がると，消費者はほかの財よりもこの財を選択するという直接的な効果が生じるが，これを何というか。なお，反対に価格が上がると，この財よりもほかの財を選択するという効果が生じる。	
12	ある財の価格が下がると，消費者はほかの財も含めたすべての財を前よりも多く消費できるようになり，まるで所得が増えたような影響を与えるという間接的な効果が生じるが，これを何というか。なお，反対に価格が上がると，まるで所得が減ったような影響を与える。	
13	特定の財に対する需要者の好みのことを何というか。	
14	財と財の関係のなかで，互いに代わりになるような関係を何というか。また，例えばバターとマーガリンのように，その関係にある財のことを何というか。	
15	財と財の関係のなかで，互いに一緒に消費されるような関係を何というか。また，例えばハンバーガーと飲み物のように，その関係にある財のことを何というか。	
16	価格の変化に対する需要の変化の割合を何というか。また，それはどのような計算式で求められるか。	
17	所得の変化に対する需要の変化の割合を何というか。また，それはどのような計算式で求められるか。	
18	需要の所得弾力性が正の財と負の財，すなわち，所得が増えれば需要量が増える財と，反対に減る財をそれぞれ何というか。	
19	ある財の市場における売り手側の状態のことと，その売り手のことをそれぞれ何というか。また，ある財の価格が一定の金額のときに，売り手全体がその財を生産したいと思う量のことを何というか。	

答
5 市場の需要──5 需要の変化　　6 効用
7 最適消費　　8 限界効用　　9 限界効用逓減の法則
10 所得　　11 代替効果　　12 所得効果
13 選好　　14 代替関係──14 代替財　　15 補完関係──15 補完財
［需要の弾力性］──16 需要の価格弾力性＝｜需要の変化率÷価格の変化率｜
　　　　　　　　└─17 需要の所得弾力性＝｜需要の変化率÷所得の変化率｜
18 上級財（正常財）──18 下級財（劣等財）
2　供給の概念と供給の変化
19 供給──19 供給者──19 供給量

20	価格と供給量の関係を表に表したものを何というか。また，縦軸に価格を，横軸に供給量をとり，両者の関係をグラフに描いたものを何というか。	
21	供給曲線に代表されるように，縦軸と横軸の間に正の関係(傾きが正)が成り立っている状態を何というか。	
22	縦軸に価格を，横軸に供給量をとった場合，両者の関係を示す供給曲線は右上がり，すなわち傾きが正になるという法則を何というか。	
23	ある財に対するすべての生産者の供給を足し合わせたものを何というか。また，それに対して，その財の価格の変化や生産設備の増加，生産技術の進歩，さらには原材料価格の動向などが引き起こす現象を何というか。	
24	財を生産する際にかかる費用の合計を何というか。また，それはどのような計算式で求められるか。	
25	総費用を形成する生産物1個あたりの費用のなかで，最後に追加された1個の生産物の生産にかかる費用を何というか。	
26	通常，どの生産物でも，生産量が増えれば増えるほど，限界費用は増加するが，そのような法則を何というか。	
27	縦軸に限界費用を，横軸に生産量をとり，両者の関係をグラフに表したものを何というか。	
28	原材料の入手，労働者の雇い入れ，土地や建物，生産設備の調達など，財を生産するのにかかる金額のことを何というか。	
29	企業が財を生産し，それを販売することで得られる金額のことを何というか。	
30	いわゆる企業のもうけで，収入から費用を差し引いたものを何というか。また，それはどのような計算式で求められるか。	
31	企業が，利潤を最大にするために，原材料・労働・資本の投入量を選択し，生産量を決定することを何というか。	
32	例えば，市場で完全競争を繰り広げる企業(売り手・買い手の双方)のように，自らは市場価格の決定に影響を及ぼすことができず，市場から与えられた価格を純粋に受け入れるだけの存在を何というか。	
33	市場価格と生産量の積を何というか。また，それはどのような計算式で求められるか。	
34	生産物1個あたりの収入，すなわち，市場価格のことを何というか。また，それはどのような計算式で求められるか。	
35	総収入を形成する生産物1個あたりの収入のなかで，最後に追加された1個の生産物から得られる収入を何というか。	

答

20供給表——20供給曲線   21右上がり

22供給法則   23市場の供給——23供給の変化

24総費用(TC)＝変動費(VC)＋固定費(FC)   25限界費用(MC)

26限界費用逓増の法則   27限界費用曲線

28費用   29収入

30利潤＝収入－費用   31利潤最大化(最適生産)

32プライステイカー   33総収入(TR)＝市場価格×生産量

34平均収入(AR)＝総収入÷生産量

35限界収入(MR)

36	企業が限界費用と限界収入から最適な生産量を決定することを何というか。	
37	価格の変化に対する供給の変化の割合を何というか。また，それはどのような計算式で求められるか。	

Ⅲ　価格決定と市場の役割

1	ある財について，その需要曲線と供給曲線の交点で市場取引が実行されることを何というか。また，その交点を何というか。	
2	買い手側の買いたい量と売り手側の売りたい量がちょうど一致しているときの量と価格をそれぞれ何というか。	
3	各消費者が買いたい量（需要）と各企業が売りたい量（供給）が一致し，その価格で取引が成立すること，すなわち，完全競争における均衡を何というか。	
4	均衡価格のもと，買い手と売り手の両者が満足する量の取引が成立することを何というか。	
5	市場価格が均衡価格よりも低かったり高かったりして，両者が一致しないこと，または一致しない部分を何というか。	
6	需要量が供給量よりも大きい状態と，反対に供給量が需要量よりも大きい状態をそれぞれ何というか。	
7	価格が上昇するように圧力がかかる売り手に有利な市場と，反対に価格が下落するように圧力がかかる買い手に有利な市場をそれぞれ何というか。	
8	財の配分方法として理想的であると同時に，圧倒的な力を持っている市場取引のメカニズムを何というか。	
9	自由な取引が行われる市場を何というか。	
10	企業が供給者として生産する財を，家計が需要者として消費する市場を何というか。	
11	取引される財を生産するための土地・資本・労働（労働力）という３つの要素を総称して何というか。また，そのそれぞれが供給され，需要される市場を何というか。	
12	家計による資本供給量と，企業による資本需要量のことをそれぞれ何というか。	
13	家計の貯蓄が供給され，それが企業の投資として需要される市場を何というか。	
14	例えば，市場に供給者が１社しかなかったり，商品の差別化がなされていたりする場合など，完全競争の条件に当てはまらない競争の状態を何というか。	

答
36 限界分析による最適化
37 供給の価格弾力性＝｜供給の変化率÷価格の変化率｜

Ⅲ　価格決定と市場の役割
1　価格決定のしくみ
1 市場の均衡——1 均衡点（E）　　2 均衡量——2 均衡価格
3 競争均衡　　　　　　　　　　　4 均衡の達成
5 市場価格と均衡価格のずれ
　［需給の超過］——6 超過需要　　［2種類の市場状況］——7 売り手市場
　　　　　　　　——6 超過供給　　　　　　　　　　　　——7 買い手市場
8 価格調整メカニズム　　　　　　9 自由市場
2　市場の役割と課題
10 生産物市場　　　　　　　　　　11 生産要素——11 生産要素市場
12 貯蓄——12 投資　　　　　　　13 資本市場
14 不完全競争

15	不完全競争が行われている市場のうち、そこに1社しか生産者(供給者)が存在しない最も偏った状態、力関係の似通った2社しか存在しない状態、ならびに有力な数社しか存在しない状態をそれぞれ何というか。
16	完全な価格支配力を持ち、自分の好きなように市場価格を決定できる存在を何というか。
17	独占企業が収入と費用を比較しながら、価格を調節することにより、最終的に最大利潤が達成される取引点に行きつくことを何というか。また、そのときの価格と取引量をそれぞれ何というか。
18	経済憲法と称されることもある「私的独占の禁止及び公正取引の確保に関する法律」の通称(略称)は何か。
19	「私的独占の禁止及び公正取引の確保に関する法律」を運用するために設置され、企業はもちろんのこと、各種消費者団体や政府からも独立した公的機関は何か。
20	業界全体の売上高に占めるその企業の売上高の割合を何というか。また、それはどのような計算式で求められるか。
21	市場において、主に価格について他社をリードする、いわゆる先導役のことを何というか。
22	主に工業製品において、主要な参加企業が協力し、横並びで高い市場価格を設定することを何というか。
23	価格・商品・サービスだけを基準にした公正な競争と、業界内の企業どうしが適正な利潤を得ることができないほど苛烈な競争をそれぞれ何というか。
24	自店(自社)の商品については価格支配力を持っているが、同時に競争相手も存在する不完全競争の状況を何というか。
25	特定の理由から、市場価格が均衡価格よりも低くなるよう、政府が上限を設定し、それにもとづいて規制を行うことを何というか。
26	政府がある財の市場取引に税金をかけることを何というか。
27	企業も消費者も費用を負担しない便益が発生することを何というか。また、企業も消費者も負担しない費用、すなわち、市場の内部で処理(内部化)できない費用が発生することを何というか。
28	原材料の購入費、労働者への賃金、土地や建物の賃料など、企業が直接負担する限界費用のことを何というか。
29	ある財の生産活動により環境汚染が生じることがあるが、それによる健康被害などを加味し、社会全体の立場で評価された限界費用のことを何というか。

答

15独占——15複占——15寡占　　　16プライスメイカー
17独占均衡——17独占価格——17独占取引量　　　18独占禁止法(独禁法)　　　19公正取引委員会
20市場占有率＝ある企業の売上高÷業界全体の売上高×100(％)
21マーケット－リーダー　　　22価格カルテル
23自由競争——23過当競争　　　24独占的競争
25価格規制　　　26課税

[2種類の外部性]┬27正の外部性(外部経済)
　　　　　　　　└27負の外部性(外部不経済)

[2種類の限界費用]┬28私的限界費用
　　　　　　　　　└29社会的限界費用

30	企業と消費者が，財と互いに関するすべての情報を共有し合うことと，共有しきれないことをそれぞれ何というか。なお，前者は完全競争市場を成り立たせるための条件の一つとなっている。	
31	売り手は財に関するすべての情報を把握しているのに対して，買い手はその一部しか知ることのできない状況を何というか。	
32	市場価格のもととなっている平均的な価値を超えるような質の高い財が，市場から排除されてしまう現象を何というか。	
33	情報の非対称性からアドバース‐セレクションが生じ，市場の状況が徐々に悪化し，最低の質の財だけが販売されるようになった市場を特に何というか。	

Ⅳ　経済成長と景気循環

1	一国内で一定期間中に生み出された付加価値の合計を何というか。また，それに対して，国内と国外において日本国民の貢献により生み出された付加価値の合計を何というか。	
2	原材料や産業用エネルギーのように，ほかの財の生産のために利用される非耐久的な生産物を何というか。また，それ以外の生産物を何というか。	
3	ある財の生産に必要となった中間生産物の価値を何というか。	
4	最終生産物は，現在の消費のために使われるものと将来の生産活動などのために使われるものに大別できるが，そのそれぞれを何というか。	
5	生産活動によって新たに生み出された価値のことを何というか。	
6	銀行などで異なる通貨の交換を行う際の比率，すなわち，通貨の交換比率のことを何というか。	
7	各国の物価が同程度になるように計算された通貨の換算率のことを何というか。	
8	日本の居住者のことを何というか。また，それに対して，外国人や外国法人のことを何というか。なお，前者には，外国に生活や活動の拠点を置く日本人や日本法人は含まれず，その一方で，長期間，日本に滞在し，相当の規模で経済活動を行う外国人や外国法人は含まれる。	
9	株式を購入するなどして企業に出資した場合に得られる利益の分け前を何というか。	

10	過去の投資が累積した結果として，ある一時点に存在する機械設備やオフィスビルなどの生産設備の総計を何というか。	
11	GDPのように，ある期間内(時間内)の流量を示す変数と，資本ストックのように，ある瞬間における存在量を表す変数をそれぞれ何というか。	
12	資本ストックが日々の生産活動に利用されるなかで壊れたり，旧式になったりして，その価値の一部が失われていくことを何というか。	
13	日本国民が外国に持つ資産から，外国民が日本国内に持つ資産を差し引いたものを何というか。	
14	資本ストックに，住宅や自家用車のような耐久消費財，土地，対外純資産などを加えたものを何というか。	
15	家計が，企業に労働を供給し，その報酬として受け取る賃金や給料などのことを何というか。また，それに対して，家計が，所有する資金や土地などを企業に提供したり貸与したりして利用させ，その報酬として受け取る利子や配当，地代などのことを何というか。	
16	家計の所得はどのような計算式で表すことができるか。	
17	家計の収入から，政府によって強制的に徴収される所得税や社会保険料などを差し引いた残りの部分で，家計が自由に使える所得のことを何というか。	
18	企業が生産物を販売して得た収入から労働者に賃金を支払い，さらにそこから減耗した生産設備を更新するための資金を留保した残りの部分を何というか。また，それはどのような計算式で求められるか。	
19	国が資金の調達のために発行した債券のことで，実質的には「国の借金」となるものは何か。	
20	外国が日本の生産物を購入した金額から，日本が外国の生産物を購入した金額を差し引いたものを何というか。また，それはどのような計算式で求められるか。	
21	生産物の価値が，経済活動を通じて，各経済主体(家計・企業・政府・外国)の間で循環することを何というか。	
22	消費税に代表されるような税金で，企業が生産した付加価値のうち，その収入になる前に政府に徴収されてしまうものを何というか。	
23	環境への配慮，景気への刺激，雇用の促進，技術開発の進展など，さまざまな政策目的で政府が企業に交付する金銭を総称して何というか。	
24	政府総資本形成と政府最終消費を加えたものを何というか。また，それはどのような計算式で求められるか。	
25	一国の経済の「生産面」に注目した指標は何か。また，それを「分配面」からみた場合，どのような計算式で表すことができるか。	

答

10 資本ストック(固定資本)　　［経済活動を表す2種類の量］┬11 フロー変数
　　　　　　　　　　　　　　　　　　　　　　　　　　　　└11 ストック変数

12 固定資本減耗　　　13 対外純資産　　　14 国富

2　経済循環

［2種類の所得］┬15 労働所得(雇用者報酬)
　　　　　　　　└15 財産所得

16 家計の所得＝所得税や社会保険料などの支払い＋消費＋貯蓄　　　17 可処分所得

18 営業余剰＝企業の収入－雇用者報酬－固定資本減耗　　　19 国債

20 純輸出＝輸出額－輸入額　　　21 経済循環　　　22 生産・輸入品にかかる税

23 補助金　　　24 政府支出＝政府総資本形成＋政府最終消費

25 国内総生産(GDP)＝雇用者報酬＋営業余剰＋固定資本減耗＋(生産・輸入品にかかる税－補助金)

26	GDPを「支出面」からみた場合，どのような計算式で表すことができるか。	
27	「生産面」「分配面」「支出面」という三つの側面からみたGDPが，すべて等しくなることを何というか。	
28	国内で生み出された付加価値の合計から，固定資本減耗を差し引いた金額を何というか。また，それはどのような計算式で求められるか。	
29	国民の貢献により国内外で生み出された付加価値の合計から，固定資本減耗を差し引いた金額を何というか。また，それはどのような計算式で求められるか。	
30	国民純生産から間接税を引き，補助金を加えた金額を何というか。また，それはどのような計算式で求められるか。	
31	家計の可処分所得のなかで，貯蓄される部分の割合を何というか。	
32	1950年前後の日本でみられた出産ラッシュのことを何というか。	
33	ベビーブームのときに生まれ，その後，一つの大きなかたまりとなって成長し，年齢を重ねている世代を何というか。	
34	一般的な消費者が購入する消費財のリストで，5年ごとに内容の見直しがなされるものを何というか。	
35	基準の年において一般的な消費者が購入する消費財のリストを決めておき，それらの購入費用について，基準年とほかの年を比較して物価変動を示す指数を何というか。	
36	その時々の気候などの影響を強く受ける生鮮食品の価格を除外して計算した消費者物価指数を何というか。	
37	鉄・原油・電力など，一般的な企業が購入する財のバスケットを決めておき，それらの購入費用について，基準年とほかの年を比較して物価変動を示す指標を何というか。	
38	物価指数が1年間にどれだけ変化したか示す割合を何というか。また，それはどのような計算式で求められるか。	
39	物価が持続的に上昇し，財で計った貨幣の価値が低下する現象を何というか。	
40	「忍び寄るインフレーション」と称され，低率（5％前後の物価上昇率）のインフレーションが長期にわたって持続するものを特に何というか。	
41	「かけ足のインフレーション」と称され，高率（10％以上の物価上昇率）のインフレーションが突然襲ってきて短期間でおさまるものを何というか。	

答

26 国内総生産（GDP）＝家計の消費＋投資＋政府支出＋純輸出　　27 三面等価

28 国内純生産（NDP）＝国内総生産（GDP）－固定資本減耗

29 国民純生産（NNP）＝国民総生産（GNP）－固定資本減耗

30 国民所得（NI）＝国民純生産（NNP）－間接税＋補助金

31 家計貯蓄率　　　　32 ベビーブーム　　　　33 団塊の世代

3　物価と実質GDP

34 基準バスケット　　35 消費者物価指数（CPI）　　36 コア消費者物価指数

37 企業物価指数

38 物価上昇率（インフレ率）＝{（T＋1年の物価指数）－（T年の物価指数）}÷T年の消費者物価指数×100（％）

39 インフレーション［の速度による分類］──┬40 クリーピング－インフレーション

　　　　　　　　　　　　　　　　　　　　├41 ギャロッピング－インフレーション

　　　　　　　　　　　　　　　　　　　　└［ハイパー－インフレーション］

42	物価が持続的に下落し，以前と同じ金額でより多くの財が購入できるようになる現象を何というか。	
43	為替レートが変動し，以前と同じ金額でより多くの外国製品が買えるようになる一方で，外国人にとっては日本製品が高価になり，日本の輸出が困難になる現象を何というか。	
44	中東地域では，過去に数回にわたって戦争があったが，そのうち，1973年に勃発し，第一次オイルショックの原因となった戦争を何というか。	
45	第一次オイルショック，いわゆる石油危機をきっかけとして，1979年に品不足への不安心理から買付騒動が起こったが，その象徴的なものを何というか。	
46	物価変動による影響を取り除いたGDPを何というか。また，それを取り除く前の，その時々の価格で評価したGDPを何というか。	
47	実質GDPの増加率のことを何というか。また，それはどのような計算式で求められるか。	
48	実質GDPと名目GDPを比較することで物価の動きを知ることができる，という考え方に基づいて作成された物価指数を何というか。	
49	短期的な増加と減少をくりかえしながらも，長期的にはゆるやかに増加する実質GDPの傾向（トレンド）を何というか。	
50	日本の実質GDPが年率約10%の成長を続け，その間に日本の実質GDPが約4倍になった，1955年ごろから1973年までの時期を何というか。	
51	1970年代に二度発生した，原油供給量の減少が引き起こした原油価格の高騰による経済の混乱のことを何というか。	
52	日本を含む主要な先進諸国が参加している，国際経済全般の協議を行う国際機関を何というか。	
53	1980年代後半に発生した資産バブルが1992年前後に崩壊して以後，日本の経済成長率が一段と低下した10年間（1990年代）のことを何というか。	
54	個別の財の需要額を合計したものと，個別の財の供給額を合計したものをそれぞれ何というか。	
55	その時点に存在する労働や資本などの生産要素が，適正に利用された場合に実現できる総生産量を何というか。	
56	日本経済が全体として提供できる労働時間の総量のことを何というか。	
57	日本の人口のなかで15歳から64歳までの者を特に何というか。	
58	子どもの出生数が減少するとともに，国民に占める高齢者の割合が増加する現象を何というか。	

答

42 デフレーション　　　　　　　43 円高

44 第四次中東戦争　　　　　　　45 トイレットペーパー騒動

［2種類のGDP］┬46 実質国内総生産（実質GDP）
　　　　　　　　└46 名目国内総生産（名目GDP）

47 経済成長率＝｛（T＋1年の実質GDP）－（T年の実質GDP）｝÷T年の実質GDP×100（%）

48 GDPデフレーター

4　経済成長

49 経済成長　　　　　　　　　　50 高度経済成長期

51 オイルショック（石油ショック・石油危機）

52 経済開発協力機構（OECD）　　53 失われた10年

54 総需要──54 総供給　　　　　55 潜在GDP

56 労働供給量　　　　　　　　　57 生産年齢人口

58 少子高齢化

59	生産年齢人口に占める，労働する意思と能力を持った者の割合を何というか。また，それはどのような計算式で求められるか。	
60	教育や訓練により高められた労働の質のことを何というか。なお，それは資本設備と同様に耐久性を持ち，効果が長期間持続する。	
61	生産設備に対する投資が活発に行われることにより，資本ストックが拡大することを何というか。	
62	例えば道路・港湾・下水道・学校・公園など，経済活動の前提となる社会的な基盤のことを何というか。	
63	労働や資本といった生産要素を質の側面からみた場合，これを何というか。	
64	価値のある発明をした者に，政府が一定期間，その発明を独占的に使用する権利を与える制度を何というか。	
65	人間が創り出した無形のものに経済的な価値を認めて法的な保護を与えたものを何というか。また，それらはどのように分類・整理されるか。	
66	社会の変化の方向に合致していて高い付加価値が期待できる産業と，社会の変化に取り残されてもはや低い付加価値しか得られない産業をそれぞれ何というか。	
67	実質GDPなどの指標でみた場合に，その対象が，谷→拡張期→山→後退期→谷，という上下運動を繰り返している動きを何というか。	
68	景気循環のなかで，実質GDPなどが相対的に高い時期と低い時期をそれぞれ何というか。	
69	経済が景気循環のどの局面にいるかを示すため，日本政府が毎月，作成し，迅速に公表している指標を何というか。また，それには，将来の景気動向を示すもの，現在の景気動向を示すもの，ならびに過去の景気動向を示すものがあるが，そのそれぞれを何というか。	
70	正式な名称を「全国企業短期経済観測調査」といい，日本銀行が全国の主要な企業に対して行うアンケート調査に基づいて作成されるものを何というか。	
71	景気がいつ谷や山をむかえたかを示すために政府が公表している資料を何というか。	
72	不況が起こるしくみを分析し，不況期には公共事業を拡大するなどして景気を回復させ，景気変動を安定させるべきだと提唱したイギリスの経済学者はだれか。また，経済の総供給能力には，総需要に比べて十分な余裕があり，実質のGDPは総需要に制約されて決まるという同氏の考え方を何というか。	
73	物価が上昇すれば総需要は減少するということを示す右下がりの曲線を何というか。また，物価上昇により個別の財の価格が上昇すれば総供給は拡大するということを示す右上がりの曲線を何というか。	

答

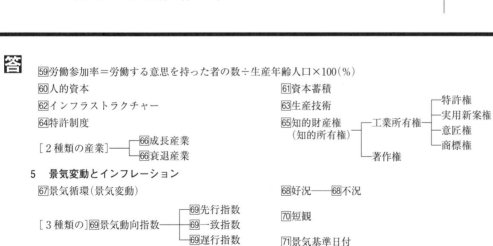

59 労働参加率＝労働する意思を持った者の数÷生産年齢人口×100（％）

60 人的資本　　　　　　　　　　　　　61 資本蓄積

62 インフラストラクチャー　　　　　　63 生産技術

64 特許制度　　　　　　　　　　　　　65 知的財産権（知的所有権）──工業所有権──特許権／実用新案権／意匠権／商標権──著作権

〔2種類の産業〕──66 成長産業／66 衰退産業

5　景気変動とインフレーション

67 景気循環（景気変動）　　　　　　　68 好況──68 不況

〔3種類の〕69 景気動向指数──69 先行指数／69 一致指数／69 遅行指数　　　70 短観

71 景気基準日付

72 ケインズ──72 有効需要の原理　　　73 総需要曲線──73 総供給曲線

74	総需要を構成する家計の消費，企業の投資，政府支出，純輸出のいずれかが，何らかの理由によって減少したり増加したりして，その影響で総需要曲線が左または右にシフトする現象を何というか。また，そのうちの前者と後者をそれぞれ何というか。
75	ある刺激によって拡大した総需要が次の総需要拡大を引き起こすという過程が繰り返され，小さな刺激が大きな景気浮揚効果を生み出す性質を何というか。
76	何らかの理由による総需要の低下が，次の総需要低下を引き起こし，景気後退と物価下落が繰り返される現象を何というか。
77	何らかの理由によって企業の生産コストが上昇したり低下したりすると，企業は従来の価格での生産量を減らしたり増やしたりすることになり，その結果，総供給曲線が左または右にシフトする現象を何というか。また，そのうちの前者と後者をそれぞれ何というか。
78	スタグネーション（経済活動の停滞）とインフレーションが共存する現象を何というか。
79	景気変動の主要な原因は技術進歩などの供給側の変動にあるとする考え方を何というか。
80	プラスの需要ショックによって引き起こされる物価上昇と，マイナスの供給ショックによって引き起こされる物価上昇をそれぞれ何というか。
81	国際的な事情により輸入消費財や輸入原材料の価格が上昇し，それがマイナスの供給ショックとなって引き起こされる物価上昇を何というか。
82	市場で流通する貨幣の総量のことを何というか。
83	物価変動の要因としてマネー–ストックの変化を強調する考え方を何というか。
84	1973年に起きた第四次中東戦争をきっかけとして中東産油国が減産に走り，石油価格が急騰したが，それがマイナスの供給ショックとなって世界各国でスタグフレーションを引き起こした事件を何というか。さらに，1979年のイラン革命をきっかけとした石油価格の上昇が再び同様な事態を招いた事件を何というか。
85	1985年，先進五か国の蔵相と中央銀行総裁がアメリカのプラザホテルで会合を行い，ドル安のための協調を行うことにした合意を何というか。
86	プラザ合意の結果，円高が進み，日本の輸出は減少したが，それがマイナスの需要ショックとなって生じた景気後退を何というか。
87	所得が移動することにより，だれかが得をする一方でだれかが損をする現象を何というか。
88	短期間に物価が天文学的水準にまで上昇し，国民の生活を混乱に陥れる超高率のインフレーションを何というか。

答

74 需要ショック ┬ 74 マイナスの需要ショック
　　　　　　　 └ 74 プラスの需要ショック

75 乗数効果

76 デフレスパイラル

77 供給ショック ┬ 77 マイナスの供給ショック
　　　　　　　 └ 77 プラスの供給ショック

78 スタグフレーション

79 実物的景気循環理論

［インフレーションの速度による分類］ ┬ 80 ディマンド–プル–インフレーション
　　　　　　　　　　　　　　　　　 ├ 80 コスト–プッシュ–インフレーション
　　　　　　　　　　　　　　　　　 └ ［貨幣的要因によるインフレーション］

81 輸入インフレーション

82 マネー–ストック

83 貨幣数量説

［2度のオイルショック］ ┬ 84 第一次オイルショック
　　　　　　　　　　　 └ 84 第二次オイルショック

85 プラザ合意

86 円高不況

87 所得移転

88 ハイパー–インフレーション

V　経済政策

1	具体的には国や地方自治体などの政府のことで，国民(住民)から税を徴収し，それをもとにして道路やダムを購入したり，行政サービスを提供したり，さらには経済活動を調整したりするなど，さまざまな活動を行っている経済主体を何というか。	
2	市場が効率的な資源配分を達成するための前提条件が満たされないため，市場によって実現される状態が必ずしも効率的にはならない現象を何というか。	
3	道路や公園のように，多くの人々が同時に利用することが可能であり，また，料金を支払わずに利用しようとする者を排除することが難しい財を何というか。	
4	社会的に必要な公共財を供給するなど，政府が市場に介入することで市場の失敗を補う働きを何というか。	
5	政府が所得の高い者から多くの税を徴収し，それを所得の低い者に支給するなどして，所得の格差を小さくする働きを何というか。	
6	低所得者には非課税か低い税率を適用し，所得が増えるにつれて税率を上げていき，高額所得者には高率の税を課す制度を何というか。	
7	個人や世帯に対する給付である社会保険・社会福祉・公的扶助，国民全体に対する施策である公衆衛生，この四つからなる制度を適切に運営・実行し，社会的なセーフティネットを張りめぐらせる政策を何というか。	
8	健康で文化的な最低限の生活を送るために必要な収入が得られない人や世帯に対して，その費用を政府が支給することを何というか。	
9	社会保険の一つで，失業者が一定期間，所得の保障を受けられたり，職業訓練のための費用が支払われたりするものを何というか。	
10	失業を伴う不況や景気の過熱によるインフレーションを避けるため，政府が総需要を調節して景気を安定させる働きを何というか。	
11	家計の消費を下支えし，景気の悪化をくい止める効果が，累進税制や社会保障制度により，景気の変動に従って自動的に発動されるしくみを何というか。	
12	景気を刺激するため，公共事業を拡大したり，特別な減税を行ったり，さらには期間限定で特別な補助金を支給したりする政策を何というか。	
13	1930年代の大恐慌期，当時のアメリカの大統領，ルーズベルトが行った裁量的な財政政策を何というか。なお，その主な内容は，テネシー川開発公社によるダムの建設と体系的な失業対策事業であった。	
14	政府による公務員給与の支払いや公共事業への支出，社会保障給付などの支払いからなるものを何というか。	

答

V　経済政策

1　財政

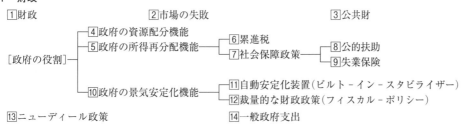

1財政　　　　　　　2市場の失敗　　　　　　3公共財

[政府の役割]
- 4政府の資源配分機能
- 5政府の所得再分配機能 ─ 6累進税 ─ 8公的扶助
- 7社会保障政策 ─ 9失業保険
- 10政府の景気安定化機能 ─ 11自動安定化装置(ビルト-イン-スタビライザー)
- 12裁量的な財政政策(フィスカル-ポリシー)

13ニューディール政策　　　　　　14一般政府支出

15	現在の先進主要諸国のほとんどがそうであるように，GDPに対する一般政府支出の割合が膨らみ，政府が影響力を持つようになった市場経済を何というか。	
16	市場の持つ分権的な性質を高く評価し，政府の影響力が過大になることに警告を発したオーストリアの経済学者(1974年ノーベル経済学賞受賞)はだれか。	
17	政府の1会計年度分の収入と支出のことをそれぞれ何というか。また，それらの計画を立てることを何というか。	
18	予算については，毎年1年度分を審議し，数年にわたるような長期計画をあらかじめ決めることは原則としてできないとする方針(考え方)を何というか。	
19	消防・警察・国防・社会保障といった政府の一般的な行政活動にかかわる歳出を何というか。また，それは所得税・法人税・消費税などの租税と国債発行によって賄われているが，それらを合算し，政府全体としての収支をみるものを何というか。	
20	歳出を特定の財源で賄うよう定められている事業について，その収支計画を一般会計から独立させて立案し，個別の予算として作るものを何というか。	
21	ある行政サービスについて，その利益を得る人がそれにかかる費用を負担するという原則を何というか。	
22	自動車税やガソリン税に代表されるような，特定財源となる税を総称して何というか。	
23	民間企業では採算がとれないなどの理由で継続が困難な事業を行うため，法律によって作られた法人を何というか。	
24	国が，政府の信用に基づいて集めた資金などを，さまざまな政策目的に応じて作られた公庫・公団などに貸し付けることを何というか。また，株式会社日本政策金融公庫や独立行政法人日本学生支援機構などのように，この制度を活用している機関を何というか。	
25	医療保険(通称，健康保険)・年金保険・介護保険・雇用保険(通称，失業保険)・労働者災害補償保険(通称，労災保険)を総称して何というか。	
26	介護を必要とする人々を支援するため，社会保険の一つとして2000年から導入されたものを何というか。	
27	すべての国民が加入することになっている基礎的な年金を何というか。	
28	わが国の国民全員が公的医療保険と公的年金制度に加入することが法律によって義務づけられていることをそれぞれ何というか。	
29	所得税のように負担する者(担税者)と納める者(納税者)が同じである税と，消費税のようにその両者が異なる税をそれぞれ何というか。また，その二種類の税収の比率を何というか。	

答

15 混合経済体制　　　　　16 ハイエク

17 歳入┐
17 歳出┴─ 17 予算　　　　　18 予算の単年度主義

[国の予算]┬─ 19 一般歳出 ── 19 一般会計
　　　　　└─ 20 特別会計　　　21 受益者負担の原則

22 目的税　　　　23 特殊法人　　　24 財政投融資── 24 財投機関

25 社会保険┬─ 26 介護保険┐┌─ 28 国民皆保険
　　　　　└─ 27 国民年金┴┴─ 28 国民皆年金

[税金の負担と納付による分類]┬─ 29 直接税┐
　　　　　　　　　　　　　　└─ 29 間接税┴── 29 直間比率

30	同じ所得を有する者は職業や性別などにかかわらず同じ税を負担すべきであるが，それによって達成される公平性を何というか。	
31	国税と地方税に公的な医療保険や年金などの社会保障負担を加えたものが国民所得に占める割合を何というか。また，それはどのような計算式で求められるか。	
32	租税と社会保障負担に財政赤字を加えた値が国民所得に占める割合を何というか。また，それはどのような計算式で求められるか。	
33	スウェーデンやデンマークといった北欧諸国のように，高い福祉の実現をめざす国家を何と呼んでいるか。	
34	歳出に対して歳入が不足していることやその不足額のことを何というか。また，それはどのような計算式で求められるか。	
35	国の借金である国債は，道路・橋梁・港湾・空港など，ある程度，将来にわたって利用可能なものを建設するために発行される国債と，財政赤字を埋めるためにやむを得ず発行される国債に大別することができるが，そのそれぞれを何というか。	
36	赤字国債を発行するためには，国会の承認に基づき，特別な例外として法の適用を避ける必要があるが，そのために制定される法を何というか。	
37	一般会計総額に占める新規国債発行額の割合を何というか。	
38	累積した国債を返済するために使われる費用の項目を何というか。	
39	国債費がほかの歳出を圧迫し，新たな政策実現のための財源が確保できなくなることを何というか。	
40	政府が発行する国債を，日本銀行が新たに発行した貨幣で買い取ることを何というか。なお，これは現在，新規国債については禁止されている。	
41	歳出をできるだけ切り詰めて，歳入との均衡を図ろうとする方向性を何というか。	
42	新規に発行された国債は，民間の金融機関や一般の個人などが引き受けることとし，日本銀行による引き受けは禁止としている原則を何というか。	
43	財政赤字を補塡するための国債の大量発行は，金融市場に資金不足を生じさせ，利子率の上昇を招くが，それにより，民間企業の資金調達が困難になって投資が委縮してしまうことを何というか。	
44	以下のような現象を総称して何というか。 ・財政を硬直化させ，将来の世代に大きな借金を負わせる。 ・利子率の上昇を招き，民間の投資を委縮させる。 ・国家の活力を失わせ，場合によっては国家の破綻につながる。	

答

30 水平的公平性 　　　　31 国民負担率＝租税負担率＋社会保険負担率

32 潜在的な国民負担率＝(租税＋社会保険負担＋財政赤字)÷国民所得

33 福祉国家 　　　　34 財政赤字＝歳出－歳入

［財政赤字を補う2種類の国債］━┳━35 建設国債
　　　　　　　　　　　　　　　┗━35 赤字国債 　　　36 特例法

37 国債依存度 　　　　38 国債費 　　　　39 財政の硬直化

40 国債の日銀引き受け 　　　　41 財政規律 　　　　42 市中消化の原則

43 クラウディング - アウト 　　　　44 財政赤字の弊害

45	国税の一定割合を原資として，地方自治体にその財政体力に応じて配分される資金を何というか。なお，それは地方自治体の一般財源となる。	
46	地方が特定の事業を行う場合に，その費用の一部を国が負担する制度を何というか。なお，その用途は当該事業に限られている。	
47	個人が，ある地方自治体に寄付を行えば，その寄付金相当額だけ，自分の住む地域の地方税と所得税が免除・減額される制度を何というか。	
48	資金の借り手は，将来の返済などを約束した証書を発行するが，貸し手からみた場合，これを何というか。具体的には現金・銀行預金・債券・株式などである。	
49	一定量の金との交換が約束された紙幣を何というか。	
50	1年以内で完了する資金の貸し借りのことを何というか。また，主にそうした取引が行われている市場を何というか。	
51	銀行間で相互に短期的な資金を融通しあう市場を何というか。	
52	完了までに1年以上を要する資金の貸し借りのことを何というか。また，おもにそうした取引が行われている市場を何というか。	
53	おもに株式や社債を取引する市場のことを何というか。	
54	大きな損失を被る危険性がある反面，大きな収益が得られる可能性もあることを何というか。また，反対に，大きな損失を被る危険性はほとんどないが，大きな収益が得られる可能性もあまりないことを何というか。	
55	手持ちの資金を多様な金融資産にどのように振り分けるかという資産の選択のことを何というか。	
56	銀行や証券会社などが，貸し付けの原資を調達するために，返済金を受け取る権利を組み合わせた証券を作り，販売することを何というか。なお，その証券のリスクは購入者が負担することになる。	
57	多種多様な債権が組み合わされて証券化された金融商品を，銀行や証券会社などが基準価格（市場価格の一種）で売買することを何というか。なお，金融取引としては直接金融と間接金融の中間に位置づけられる。	
58	貨幣のように，取引の際に支払手段として広く用いられるものを何というか。また，貨幣にはさまざまな形態があるが，過去に中国と日本で用いられた代表的なものには何があるか。	

答

[地方財政の支出補填] ── 45 地方交付税
　　　　　　　　　　 ── 46 国庫支出金　　47 ふるさと納税制度

2　金融

48 金融資産　　　　　　　49 兌換券

[期間による金融の分類] ── 50 短期金融 ── 50 短期金融市場（マネー－マーケット：通貨市場）── 51 コール市場
　　　　　　　　　　　 ── 52 長期金融 ── 52 長期金融市場（キャピタル－マーケット：資本市場）── 53 証券市場

[金融資産の損失の危険性と収益の可能性] ── 54 ハイ－リスク－ハイ－リターン
　　　　　　　　　　　　　　　　　　 ── 54 ロー－リスク－ロー－リターン

55 ポートフォリオ選択
56 証券化 ── 57 市場型間接金融　　　　　　　58 貝貨
58 一般的交換手段 ── [さまざまな貨幣]　　　58 刀幣
　　　　　　　　　　　　　　　　　　　　　　58 馬蹄銀
　　　　　　　　　　　　　　　　　　　　　　58 慶長小判
　　　　　　　　　　　　　　　　　　　　　　58 山田羽書
　　　　　　　　　　　　　　　　　　　　　　58 甲十円券

59	貨幣の機能のうち，すべての財・サービスの価値をはかる共通尺度としての働きと，現在の収入の一部を消費せず，その購買力を未来に移転する働きをそれぞれ何というか。
60	必要なときに必要な額だけ利用できるという利便性と，どんなときでも額面どおりの価値を有するという安全性，この二つからなる貨幣の性質を何というか。
61	わが国唯一の中央銀行を何というか。なお，その出資金の過半は日本政府からのものであり，総裁は政府によって任命されるが，形態は半官半民の法人である。
62	中央銀行という用語には，紙幣を独占的に発行できる銀行，財政資金の出納・管理を行う銀行，ならびに市中の銀行から預金を預かったり，反対に貸し付けを行ったりする銀行という三つの意味合いがあるが，それらは，それぞれどのような言葉で表現されているか。
63	日本銀行が発行する日本銀行券(紙幣)と，政府が日本銀行の求めに応じて鋳造する硬貨を合わせたものを何というか。
64	取引においてそれで支払いがなされた場合，相手は受け取りを拒否できないという，日本銀行券が持つ性質を何というか。
65	実質的な価値の有無にかかわらず，法律によって強制通用力を与えられた通貨のことを何というか。
66	日本銀行以外の銀行を総称して何というか。
67	わずかな利息しかつかないが，いつでも引き出すことのできる預金と，利息はまったくつかないが，手形や小切手を利用するための前提となっている預金をそれぞれ何というか。また，これらのように，極めて流動性が高いため，貨幣の一部と考えられるものを総称して何というか。
68	原則として一定期間は引き出すことができないが，比較的高い利息がつく預金を何というか。
69	マネー-ストックの分類のうち，現金通貨に普通預金と当座預金などの残高を加えたもの，現金預金に国内銀行などに預けられた預金の残高を加えたもの，ならびに現金預金に全預金取扱機関に預けられた預金の残高を加えたものをそれぞれ何というか。また，それらは，それぞれどのような計算式で求められるか。
70	銀行の安全性に不安を感じた預金者が，いっせいに預金を引き出そうとして生じる騒ぎを何というか。
71	市中銀行が，受け入れた預金のうち，支払いに備えて貸し出しに回さず，留め置いている資金のことを何というか。
72	市中銀行が受け入れた預金の一定割合以上を，準備金として日本銀行の当座預金に預け入れることを義務づけている制度を何というか。

答

[貨幣の役割・機能]━━┳━[一般的交換手段としての機能]
　　　　　　　　　　┣59価値尺度としての機能
　　　　　　　　　　┗59価値貯蔵手段としての機能　　　60貨幣の流動性

[中央銀行としての]61日本銀行
[中央銀行の三つの意味合い]━┳62唯一の発券銀行
　　　　　　　　　　　　　┣62政府の銀行
　　　　　　　　　　　　　┗62銀行の銀行

63現金通貨　　　64強制通用力━━65法貨

66市中銀行　　　[流動性預金]━┳67普通預金━━67預金通貨　　　68定期預金
　　　　　　　　　　　　　　┗67当座預金

[マネー-ストックの分類]━━┳69M1＝現金通貨＋普通預金＋当座預金など
　　　　　　　　　　　　　┣69M2＝現金通貨＋国内銀行などに預けられた預金
　　　　　　　　　　　　　┗69M3＝現金通貨＋全預金取扱機関に預けられた預金

70取り付け騒動　　　71準備金━━72準備預金制度

73	受け入れた預金に対して必要とされる準備金の割合を何というか。	
74	市場に流通する現金通貨と日本銀行が市中銀行から預かった当座預金の合計で，日本銀行の負債総額に相当するものを何というか。	
75	日本銀行が市中銀行に資金を貸し出したりすればマネタリー－ベースは増加し，それによって市中銀行の預金量は大きく増加する。その結果として生じる，マネー－ストックの増加がマネタリー－ベースの増加の何倍にもなる過程を何というか。	
76	日銀がマネタリー－ベースを操作し，その大部分が貸し出しに回る銀行預金の量を変化させて，金融市場に大きな影響を与えようとする政策を何というか。	
77	経済が過熱しているとき，マネタリー－ベースを減少させて銀行の貸出量を抑制すると，企業による資金調達が難しくなるが，これによって総需要を低下させ，インフレーションの圧力を下げようとする金融政策を何というか。	
78	総需要が不足する不況期にマネタリー－ベースを増大させ，企業による銀行からの借り入れを容易にすることで総需要を引き上げ，物価の下落をくい止めようとしたり，景気回復を図ろうとしたりする金融政策を何というか。	
79	日本銀行内に設置された金融政策を決定する機関を何というか。	
80	コール市場における利子率のことを何というか。	
81	コール－レートに政策金利としての目標値を設定し，それが実現される方向で行われる金融政策を何というか。また，それには，日銀が市中銀行の保有する国債などを買い取ったり，それを担保に資金を貸し出したりするものと，反対に，日銀が保有する国債などを市中銀行に売却したりするものがあるが，そのそれぞれを何というか。	
82	デフレーションの阻止と景気回復のため，究極の金融政策として1999年以降，断続的に行われたコール－レートの目標値を事実上０％とする政策と，マネタリー－ベースを増大させるために2001年から2006年にかけて実施された日銀の当座預金残高を増加させる政策をそれぞれ何というか。	

答

73 法定準備率　　　　74 マネタリー－ベース

75 信用創造

［2種類の］76 金融政策 ─┬─ 77 金融引き締め
　　　　　　　　　　　　└─ 78 金融緩和

79 政策委員会　　　　80 コール－レート

81 ［2種類の］公開市場操作(オープンマーケットオペレーション)
　　　　　　　　┬─ 81 資金供給のためのオペレーション(買いオペ)
　　　　　　　　└─ 81 資金吸収のためのオペレーション(売りオペ)

［近年の金融政策］ ─┬─ 82 ゼロ金利政策
　　　　　　　　　　└─ 82 量的緩和政策

1・2級

第1回
商業経済検定模擬試験問題
〔ビジネス経済A〕

解答上の注意

1．この問題のページはp.24からp.35までです。

2．解答はすべて別紙解答用紙(p.103)に記入しなさい。

3．文字または数字で記入するもの以外はすべて記号で答えなさい。

4．計算用具などの持ち込みはできません。

5．制限時間は50分です。

1 次の文章を読み，問いに答えなさい。

「ビジネス経済」は，おもに近代経済学の理論とその適用を学ぶ商業科目である。近代経済学とは，限界革命以降の経済学体系のうち，マルクス経済学以外のものの総称であり，ミクロ経済学とマクロ経済学に大別される。

なお，限界革命とは，1870年代にジェボンズ(W. S. Jevons)・メンガー(C. Menger)・ワルラス(L. Walras)の3人の経済学者が，ほぼ同時，かつ独自に(a)限界効用理論を基礎にした経済体系を樹立し，古典派経済学に対して近代経済学を創始したことを指す。

ミクロ経済学とは，経済主体の最小単位と定義される家計（ ① ）と企業（ ② ），およびそれらが経済的な取引を行う市場を分析対象とし，世の中に存在する希少な資源の配分について研究する経済学である。その名称は最小単位の経済主体の行動を扱うことに由来する。そして，以前は，(b)一般均衡理論を中心とした価格理論を指していたが，現代のミクロ経済学の発展は(c)ゲームの理論の功績が大きく，どちらもこの領域に欠かせないものとなっている。

一方，マクロ経済学は，個別の経済活動を集計した一国の経済全体を扱うもので，その変数の決定と変動に注目し，適切な経済指標は何か，また，望ましい ③ は何かということを考察する。その主要な対象としては，国民所得・失業率・インフレーション・投資・貿易収支などの集計量があり，分析対象となる市場は，生産物(財・サービス)市場， ④ (通貨・資本・債券)市場，ならびに労働市場に分けられる。

問1．文中の ① と ② に入るものは何か，次のなかから最も適切な組み合せを一つ選びなさい。
ア．①労働者・②経営者　　イ．①消費者・②経営者
ウ．①労働者・②生産者　　エ．①消費者・②生産者

問2．文中の ③ に入るものは何か，適切な用語で答えなさい。

問3．文中の ④ に入るものは何か，次のなかから最も適切なものを一つ選びなさい。
ア．証券　　イ．金融　　ウ．貨幣

問4．下線部(a)はどのようなものか，次のなかから適切なものを一つ選びなさい。
ア．消費者が，ある財をもう1単位だけ余分に消費または保有することによって得られる満足度の増加分。
イ．労働者が，ある仕事にもう1単位だけ余分に時間をかけることによって得られる収入の増加分。
ウ．国や自治体が，ある政策にもう1単位だけ余分に財源をつぎ込むことによって得られる国民や住民の満足度の増加分。

問5．下線部(b)の主旨はどのようなものか，次のなかから最も適切なものを一つ選びなさい。
ア．価格は，その財の仕入と売上の均衡によって左右される。
イ．価格は，その財の生産と消費の均衡によって左右される。
ウ．価格は，その財の需要と供給の均衡によって左右される。

問6．下線部(c)は元来，応用数学の一分野であったが，これを経済学に応用し，その成果によってノーベル賞を受賞した学者はだれか，次のなかから適切な組み合せを一つ選びなさい。
ア．ナッシュ(J. F. Nash)・マンデル(R. A. Mundell)・アカロフ(G. A. Akerlof)など
イ．ナッシュ(J. F. Nash)・アカロフ(G. A. Akerlof)・ロス(A. E. Roth)など
ウ．マンデル(R. A. Mundell)・アカロフ(G. A. Akerlof)・ロス(A. E. Roth)など

問7．問6に関連して，経済学者たちは下線部(c)を具体的にどのように応用したか，次のなかから適切なものを一つ選びなさい。

ア．完全競争市場において，あらゆる点でほとんど差のない多数の参加企業は，どのようにして競争するのかという問題を，この理論を応用して科学的に説明しようとした。

イ．寡占市場において，その少数の参加企業は，どのようなときに協力し合い，どのようなときに競争するのかという問題を，この理論を応用して科学的に説明しようとした。

ウ．独占的競争市場において，それぞれ固有の顧客層を持つ多数の参加企業は，どのようなときに協力し合うのかという問題を，この理論を応用して科学的に説明しようとした。

2 次の文章を読み，問いに答えなさい。

　金融市場は異時点間の資源配分機能とリスク配分機能という二つの資源配分機能を持つ市場である。そこでは銀行・証券会社・保険会社が重要な役割を果たしており，従来は，銀行と証券会社は主に資金の調達と運用などの異時点間の資源配分機能にかかわる業務に従事し，保険会社は主にリスク配分機能にかかわる業務に従事するものと考えられてきた。また，(a)資金の調達と運用に関しては，銀行は間接金融の担い手であり，証券会社は直接金融の仲介者であると考えられてきた。そして，このような役割分担は，近年まで厳格に守られてきた。

　しかし，(b)1990年代なかばから日本で実施された大規模な金融制度改革以降は，徐々に変化し，国際化・グローバル化の進展もあって，そうした役割分担のままではいずれの金融機関も成り立ちにくくなった。つまり，国際金融の舞台で厳しい競争に打ち勝っていくためには，(c)異時点間の資源配分機能とリスク配分機能のいずれにもかかわり，総合力を発揮することが求められるのである。そうしたことから，現在では，銀行や証券会社は投資銀行という形をとったり，持ち株会社のもとでグループ化したりして広範囲に活動し，保険会社も機関投資家として積極的に資金の調達や運用に乗り出して存在感を増している。また，いずれの金融機関も(d)金融工学の成果を活用し，上記の二つの機能を持ったさまざまな商品を開発して，顧客に提供している。

問1．下線部(a)についてどのようなことがいえるか，次のなかから適切なものを一つ選びなさい。

ア．資金の調達と運用に関して，銀行も証券会社も貸借契約の直接の当事者となる。

イ．資金の調達と運用に関して，銀行も証券会社も貸借契約の直接の当事者とはならない。

ウ．資金の調達と運用に関して，銀行は貸借契約の直接の当事者となるが，証券会社はそのような立場にはならない。

エ．資金の調達と運用に関して，証券会社は貸借契約の直接の当事者となるが，銀行はそのような立場にはならない。

問2．下線部(b)は何と呼ばれているか，カタカナ5文字を補って一般的な用語を完成させなさい。

問3．保険会社が販売する従来の商品のうち，下線部(c)の両方の機能を持つものとしては何があるか，次のなかから適切なものを一つ選びなさい。

ア．火災保険　　イ．入院保険　　ウ．養老保険

問4．下線部(d)を総称して何というか，漢字またはカタカナ6文字で答えなさい。

③　次の文章を読み，問いに答えなさい。

　わが国において高度経済成長期の前半にあたる昭和30年代，人々は将来に夢を描き，社会は活気に満ちていたが，国民の所得は少なく，生活は決して楽なものではなかった。そんな時代，私の父親は，仕事後の「赤提灯での一杯」を楽しみに，来る日も来る日もきつい肉体労働に励んでいた。父が赤提灯の居酒屋で注文するのは，いつも(a)もつの煮込みと(b)安価な焼酎と決まっていて，(c)値段の高い清酒にはなかなか手が出せなかったという。

　昭和40年代に入ると，池田内閣の所得倍増計画が進行し，わが国はGDP世界第２位（2013年現在は第３位）の経済大国となった。同時に父も小さな会社を興し，ある程度の所得を手にすることができるようになったので，焼酎をやめて清酒を飲むようになった。そればかりか，ときには鯛や鮪の刺身で一級酒を楽しむこともあった。これは，私の父が贅沢をしていたというわけではなく，当時どこの家庭でも多かれ少なかれ見られた現象である。

　こうして焼酎は，その後のブーム到来まで人々に忘れ去られ，大幅に需要を減らし，反対に清酒は需要を伸ばしていった。つまり，(d)所得の変化は，ものの需要に影響を及ぼすのであるが，その度合いは，現在の所得を何％上げたら，その需要量が何％増えるのかという割合で測ることになる。そして，当然，その割合は財によって異なるが，さらに，(e)財のなかには，絶対値処理をする前のその割合が，①「正になるもの」と②「負になるもの」がある。

〔事　例〕

　ある会社で，社員の平均賃金が500万円から450万円に引き下げられた。

　するとその会社の社員食堂では，価格の高いＡ定食の１日当たりの注文数が100食から76食に減り，価格の安いＢ定食の注文数は60食から84食に増えたという。

問１． 下線部(a)と(b)，下線部(b)と(c)は，それぞれどのような関係にあるか，次のなかから適切なものを一つ選びなさい。

　ア．下線部(a)と(b)も，下線部(b)と(c)もどちらも代替財の関係にある。

　イ．下線部(a)と(b)も，下線部(b)と(c)もどちらも補完財の関係にある。

　ウ．下線部(a)と(b)は代替財の，下線部(b)と(c)は補完財の関係にある。

　エ．下線部(a)と(b)は補完財の，下線部(b)と(c)は代替財の関係にある。

問２． 下線部(d)に記されている「割合」のことを何というか，漢字５文字を補って正しい用語を完成させなさい。

問３． 問２に関連して，〔事例〕のなかのＡ定食とＢ定食について，それぞれの「割合」を計算しなさい。

問４． 下線部(e)の①と②をそれぞれ何というか，次のなかから適切な組み合せを一つ選びなさい。

　ア．①正常財・②公共財

　イ．①正常財・②劣等財

　ウ．①公共財・②劣等財

問５． 問４に関連して，文中と〔事例〕のなかで下線部(e)の①と②にそれぞれ該当するものは何か，次のなかから適切な組み合せを一つ選びなさい。

　ア．①文中では焼酎，〔事例〕ではＡ定食　②文中では清酒，〔事例〕ではＢ定食

　イ．①文中では焼酎，〔事例〕ではＢ定食　②文中では清酒，〔事例〕ではＡ定食

　ウ．①文中では清酒，〔事例〕ではＡ定食　②文中では焼酎，〔事例〕ではＢ定食

　エ．①文中では清酒，〔事例〕ではＢ定食　②文中では焼酎，〔事例〕ではＡ定食

4 次の文章を読み，問いに答えなさい。

市場の製品には人間と同様に寿命がある。その各段階における需要と供給の関係と，そこから生じる均衡価格と均衡量の関係について考えてみよう。

1. 導入期…新製品であるため，知名度が低く，需要はあまり多くない。また，生産体制が整っていないため，供給も少ない。企業は，開発費用をできるだけ早く回収しようとして，高めの価格を設定する。

2. 成長期…市場での知名度や人気が高まり，需要は増加する。それに対応して生産体制が整ってくるので，供給も増加する。したがって，均衡価格は下がらないが，均衡量は増加する。

3. 成熟期…製品の普及率が高まり，市場が飽和状態となるので，需要は減少する。一方，大量生産体制が確立するので，供給は増加する。したがって，均衡価格は下がるが，均衡量は変わらない。

4. 衰退期…次世代製品の登場により，需要は大幅に減少する。しかし，すでに大量生産体制が確立しているので，供給に変化はない。したがって，均衡価格はさらに下がり，均衡量も減少する。

右図は，製品Xについて，上記の変化をグラフ化したものであり，横軸は数量を，縦軸は価格を示している。なお，需要曲線は，需要が増加すると右へシフトし，減少すると左へシフトする。供給曲線も，同様に供給が増加すると右へシフトし，減少すると左へシフトする。

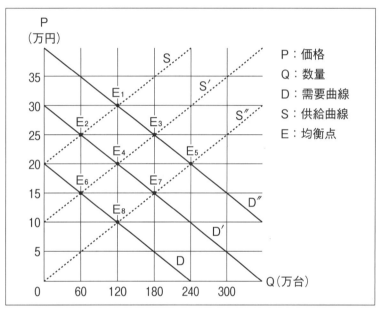

問1. 製品Xの生産者は，この製品を25万円の価格で発売したが，その時の均衡量は何万台であったか，右のグラフを参照して答えなさい。

問2. 25万円で発売された製品Xの均衡価格は，導入期から衰退期にかけてどのように移動していったか，右のグラフを参照して次のなかから適切なものを一つ選びなさい。

ア．$E_2 \rightarrow E_3 \rightarrow E_7 \rightarrow E_8$　　　イ．$E_2 \rightarrow E_4 \rightarrow E_6 \rightarrow E_8$

ウ．$E_3 \rightarrow E_2 \rightarrow E_6 \rightarrow E_8$　　　エ．$E_3 \rightarrow E_4 \rightarrow E_7 \rightarrow E_8$

問3. 成熟期と衰退期の市場は，それぞれどのような状況になるか，次のなかから適切なものを一つ選びなさい。

ア．どちらも売り手市場になる。

イ．どちらも買い手市場になる。

ウ．成熟期には売り手市場に，衰退期には買い手市場になる。

エ．成熟期には買い手市場に，衰退期には売り手市場になる。

5 次の文章を読み，問いに答えなさい。

　工業製品などでは，主要な参加企業が互いに協調して，横並びで不当に高い市場価格を設定することがある。ところが，(a)このような行為がインフルエンザの予防接種料金について行われていたのではないかという疑いがある。

　マスコミの報道によると，平成25年4月23日，(b)関係当局は，この疑いで埼玉県吉川市の吉川松伏医師会を立ち入り検査した。関係者の証言では，同医師会は数年前から，インフルエンザの予防接種料金について医師会の会合などで13歳以上は「4,450円以上」，2回の接種が必要な13歳未満の子どもでは「初回3,700円以上」と決めて，二十数人の会員に通知し，価格競争を制限した疑いが持たれているという。予防接種は自由診療となるため，65歳未満の人は費用が原則的に全額自己負担となる。ワクチンの料金は1本2,000円程度とされているが，接種料金は医療機関が自由に決められる。ちなみに，その接種費用の平均値は，大人の1回目が病院で3,168円，診療所で2,945円。子どもの1回目が同2,702円と2,525円，2回目が同2,379円と2,160円であるという。

　この疑いが関係当局の検査によって客観的に証明されれば，(c)法律違反となり，(d)その取り決めをやめさせる勧告や命令が出されたり，場合によっては罰金が科されたりすることもある。

問1．下線部(a)を何というか，次のなかから適切なものを一つ選びなさい。
　　ア．再販売価格維持行為
　　イ．価格カルテル（価格協定）
　　ウ．価格指導制（価格先導制，プライス　リーダーシップ）

問2．下線部(b)は何という機関か，次のなかから適切なものを一つ選びなさい。
　　ア．厚生労働省　　イ．経済産業省　　ウ．公正取引委員会

問3．下線部(c)は何という法律か，次のなかから適切なものを一つ選びなさい。
　　ア．独占禁止法　　イ．特定商取引法　　ウ．不正競争防止法

問4．下線部(d)の一般的な理由はどのようなことか，次のなかから適切なものを一つ選びなさい。
　　ア．こうした取り決めがなされると業界側の勝手な価格設定が横行し，その結果，市場価格が乱高下して消費者の不利益となり，社会的にみて財の配分が不安定になるから。
　　イ．こうした取り決めがなされると市場における自由競争が制限され，その結果，市場価格が高くなって消費者の不利益となり，社会全体からみて財の配分が不公正になるから。
　　ウ．こうした取り決めがなされると地域ごとの価格設定が促進され，その結果，市場価格に地域間格差が生じて特定地域の消費者の不利益となり，全国的にみて財の配分が不公正になるから。

6 次の文章を読み，問いに答えなさい。

　経済活動を表す量には2種類のものがある。そのうち，ある時点における価値の蓄積量あるいは存在量を示すものをストックという。このストックのうち，過去の投資が累積した結果として，ある時点に存在する機械設備やオフィスビルなどの生産設備の総計を(a)資本ストック（固定資本）というが，それは，日々の生産活動に利用されるなかで，壊れたり旧式になったりして，その価値の一部が失われていく。

　このような資本ストックに，住宅や土地，自家用車をはじめとする耐久消費財，(b)対外純資産などを加えたもの，つまり，国民全体が保有する資産から負債を差し引いたものを国富と呼んでいる。(c)内閣府の「国民経済計算」（確報）によると，わが国の国富は，2009年（平成21年）末で2,712兆4,000億円となっており，ピークだったバブル期（1990年末：3,531兆5,000億円）の4分の3近くまで減少している。なお，その後は，算出基準が改定されたため，比較ができなくなったが，新基準の数値でみると，公表された2010年の国富は前年を下回り，さらに2011年も同様であった。

問1．下線部(a)を何というか，次のなかから正しい用語を一つ選びなさい。
　ア．固定資本減価　　イ．固定資本減耗　　ウ．固定資本陳腐化

問2．下線部(b)はどのようなものか，次のなかから適切なものを一つ選びなさい。
　ア．日本国民が外国に持つ資産のこと。
　イ．外国民が日本国内に持つ資産のこと。
　ウ．日本国民が外国に持つ資産から，外国民が日本国内に持つ資産を差し引いたもの。
　エ．外国民が日本国内に持つ資産から，日本国民が外国に持つ資産を差し引いたもの。

問3．下線部(c)の直接的な原因は何か，次のなかから最も適切なものを一つ選びなさい。
　ア．「失われた20年」の間に地価が大幅に下落したこと。
　イ．「失われた20年」の間に少子高齢化がより一層進んだこと。
　ウ．「失われた20年」の間に貿易収支が黒字から赤字へ転落したこと。
　エ．「失われた20年」の間に国民一人あたりの平均所得が減少したこと。

7 次の文章を読み，問いに答えなさい。

　物価変動をみるための指標の一つに総務省統計局が発表する消費者物価指数がある。この指数は，(a)基準年において一般的な消費者が購入する消費財のリストを決めておき，それらの購入費用を基準の年とほかの年との間で比較して，物価変動を示すものである。ところが，時代の変化とともに人々が購入する財のリストは変化するので，その内容は5年ごとに見直されている。なお，(b)そのリストから生鮮食品を除外して消費者物価指数を計算することもある。

問1．下線部(a)を何というか，次のなかから適切なものを一つ選びなさい。
　　ア．基準バスケット　　　イ．基準セレクション　　　ウ．基準ポートフォリオ

問2．下線部(b)による消費者物価指数を何というか，次のなかから適切なものを一つ選びなさい。
　　ア．モア消費者物価指数　　　イ．ニア消費者物価指数　　　ウ．コア消費者物価指数

問3．問2に関連して，そのような消費者物価指数を計算する理由は何か，次のなかから適切なものを一つ選びなさい。
　　ア．生鮮食品の価格はそのときどきの気候などの影響を強く受けるので，それを含めると年ごとの物価の適切な比較ができない場合があるから。
　　イ．生鮮食品の価格は夕方になると大幅に値引きされることが多いので，それを含めるには価格調査の時間帯を固定しなければならないから。
　　ウ．生鮮食品の価格は大衆品と高級品との間で大きな開きがあるので，どちらを含めても偏りが生じて一般的な物価を表せない場合があるから。

8 次の文章を読み，問いに答えなさい。

下表は，Y国の201M年とその10年後の202N年における各種産業の生産物の価格と生産量を示し，それらの数値に基づいて4種類の指標を求めようとしたものである。なお，その作成においては，次の4点を前提にしている。

・前提1…Y国のすべての産業と生産物を網羅している。
・前提2…生産物はすべて最終生産物である。
・前提3…価格と生産量の単位はいずれも特定しない。
・前提4…201M年を基準年とする。

		201M年(基準年)		202N年	
		価格	生産量	価格	生産量
第一次産業の生産物（農林水産物）		240	4	280	4
第二次産業の生産物（鉱工業製品）		360	6	330	5
第三次産業の生産物（流通・サービス）		480	6	500	7
指標	名目GDP	240×4＋360×6＋480×6＝6,000		①	
	実質GDP	240×4＋360×6＋480×6＝6,000		②6,120	
	経済成長率	③			
	GDPデフレーター	(6,000÷6,000)×100＝100.00		(6,270÷6,120)×100＝102.45	

問1．202N年の名目GDP，すなわち空欄の①に入る数値はいくつになるか，計算しなさい。

問2．202N年の実質GDP，すなわち②の6,120はどのように計算されたか，その式を答えなさい。

問3．201M年から202N年までの10年間における経済成長率，すなわち空欄の③に入る数値はいくつになるか，計算しなさい。

問4．201M年から202N年までの10年間における物価上昇率は何％になるか，計算しなさい。

9 次の文章を読み，問いに答えなさい。

2013年（平成25年）4月16日，総務省は日本の人口が前年より28万4,000人減少し，1億2,751万5,000人（前年比0.22％減）になったとする2012年10月1日現在の人口推計を発表した。減少幅は比較可能な推計が残る1950年以降で過去最大となる。一方で，65歳以上の高齢者の人口は初めて3,000万人を超え，全都道府県で高齢者数が14歳以下の年少者数を上回り，少子高齢化の一層の進展が浮き彫りになった（右表参照）。

総務省の人口推計は年1回行っているが，人口が2年連続で減少するのも初めてである（グラフ参照）。推計によると，高齢者の人口が総人口に占める割合は24.1％で過去最高となった。これに対し，出生者数は前年より2万7,000人も減少し，過去最少となった（右表参照）。

つまり，わが国の全人口のなかで生産年齢人口が占める割合は明らかに低下傾向にあるのだ。それをカバーするためには，(a)生産年齢人口に占める労働する意思と能力を持った者の割合を上昇させ，さらに，高い教育と高度な職業訓練を受けた労働者を増やして労働の質を高める必要がある。とりわけ，(b)労働の質は，資本設備と同様に耐久性を持つので，教育や訓練などには投資的な意味合いがあり，その拡大が求められている。

人口推計のポイント

総人口	1億2,751万5,000人
前年比	28万4,000人減 …減少幅は過去最大
14歳以下	1,654万7,000人
65歳以上	3,079万3,000人 …初の3,000万人突破
出生児	104万7,000人 …過去最少

総人口の推移

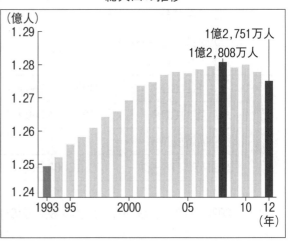

問1．2012年10月1日現在におけるわが国の生産年齢人口は何人か，表の数値をもとにして計算しなさい。

問2．下線部(a)を何というか，漢字5文字で答えなさい。

問3．問2に関連して，下線部(a)は将来的にどのようになり，それが労働供給にどのような効果をもたらすと予想されるか，次のなかから適切なものを一つ選びなさい。
　ア．女性や高齢者の社会進出が進み，その割合が大幅に上昇するので，少子高齢化による生産年齢人口の減少を相殺することができると予想される。
　イ．女性や高齢者の社会進出が進み，その割合はある程度上昇するが，少子高齢化による生産年齢人口の減少を相殺するほどにはならないと予想される。
　ウ．女性や高齢者の社会進出が進むが，その割合はまったく上昇せず，少子高齢化による生産年齢人口の減少を相殺する効果はないと予想される。

問4．下線部(b)の観点から，「労働の質」はどのように表現されているか，次のなかから正しいものを一つ選びなさい。
　ア．人的設備　　イ．人的財産　　ウ．人的資本

10 次の文章を読み，問いに答えなさい。

　テレビの大河ドラマや時代劇では，公家や武士といった支配階級に搾取(さくしゅ)される農民の姿を目にすることが多い。つまり，「士農工商」という言葉があるように，江戸時代頃までは農業が国を養う重要な産業であったのだ。ところが，明治維新以降，わが国は富国強兵のスローガンの下，ひたすら工業化の道を歩んできた。まずは繊維産業，そして石炭産業，さらに高度経済成長期には鉄鋼・造船・石油化学，その後は自動車・家電・半導体など，次々と新しい産業を育成し，多くの富を得てきた。その結果，日本はいつの間にかGDP世界第2位(2013年現在は第3位)の経済大国にまで上り詰めていた。しかし，(a)現在，わが国の産業構造をみると，第一次産業や第二次産業と比べて，第三次産業の比重が高まっている。つまり，従来の産業分野においては，海外の新興国の追い上げが著しく，投下した労働と資本に見合うだけの付加価値が得られにくくなってきており，そのため，再び，産業のシフトが生じているのである。

　要するに，(b)もはや低い付加価値しか得られなくなった産業，詳しく述べれば，生産高や売上高が過去にピークを記録して以来，現在まで低下または低迷の状態にあり，将来も不振が続くとみられる産業，そうした産業に限りある生産要素を大量に使ってしまえば，一国全体としての付加価値総額は小さくなってしまう。それを防ぐためには，国がより一層の規制緩和を進め，(c)高い付加価値の得られる成長産業を積極的に育成して，そこへ大胆に生産要素をシフトさせていく成長戦略の展開が必要なのである。

問1．下線部(a)に記述されている現象を何というか，次のなかから適切なものを一つ選びなさい。
　ア．サービス経済化　　イ．バーチャル経済化　　ウ．グローバル経済化

問2．下線部(b)を何というか，直後の記述も参考にして，次のなかから適切なものを一つ選びなさい。
　ア．成熟産業または斜陽産業　　イ．成熟産業または衰退産業　　ウ．斜陽産業または衰退産業

問3．下線部(c)は具体的にどのような産業か，次のなかから適切なものを一つ選びなさい。
　ア．現在のところ，国民の嫌悪感や法的な規制がネックになって発展が阻害されているが，海外には大きなビジネスチャンスが認められる産業。例えば，原子力産業や軍需産業など。
　イ．ディジタル化や少子高齢化といった社会の変化や，環境保全に代表されるような社会的要請に合致した産業。例えば，ディジタルコンテンツ産業や医療・介護，省エネビジネスなど。
　ウ．中国やインド，ロシア，ブラジル，南アフリカといった将来的に有望な市場のニーズに合致した産業。例えば，規格化および大量生産がしやすい大衆向けの自動車や家電などの産業。

11　次の文章を読み，問いに答えなさい。

　　実質GDPなどの指標は，緩やかな上昇トレンドのなかで，「谷→拡張期→山→後退期→谷」という上下変動をくりかえしている。このような動きを景気循環(景気変動)というが，このなかで，実質GDPなどが相対的に高い時期を　A　，低い時期を不況という。

　　日本政府は，景気が拡張期にあるのか後退期にあるのかを示すため，景気動向指数という指標を毎月作成し，公表している。これには，(a)①先行指数・②一致指数・③遅行指数の３種類があり，たとえば，　B　の値が50以上であれば，景気は近い将来，拡張すると考えられる。

　　景気を表す指標としては，このほかにも(b)日本銀行が四半期ごとに公表する全国企業短期経済観測調査がある。これは，全国１万社以上を対象に景況感を調査するもので，そのなかで公表される業況判断指数(＝景気が良いとする企業の比率－景気が悪いとする企業の比率)は，企業経営者が最も重視する経済指標の一つといわれている。

問１．文中の　A　に入る用語は何か，次のなかから最も適切なものを一つ選びなさい。
　　ア．活況　　イ．好況　　ウ．盛況

問２．文中の　B　に入る用語は何か，下線部(a)のなかから一つ選んで番号で答えなさい。

問３．下線部(b)は一般的に何と呼ばれているか，漢字２文字で答えなさい。

12　次の文章を読み，問いに答えなさい。

　　日本の財政赤字は先進諸国のなかでも突出しており，その債務残高は，今や対GDP比で250％を超え，近い将来，300％に達するものとみられている。このままで行くと，(a)一般会計予算において国債費がほかの歳出を圧迫し，新たな政策実現のための予算が確保できなくなる。こうした状況に対して，"能天気な経済評論家"は「日銀がじゃんじゃんお札を刷って，政府が新たに発行する国債をどんどん買い取ればいい」などと述べているが，それはまったく不謹慎な話である。

　　そもそも政府が大量に国債を発行することは，国民の貯蓄の大きな部分を政府が借り上げてしまうことを意味する。これにより，金融市場で資金が不足し，利子率が上昇する事態となれば，民間企業の資金調達は困難になる。つまり，(b)財政赤字によって民間の投資が委縮してしまうのである。しかも，利子率の上昇は国債費のさらなる増大につながる。それどころか，ひと頃のギリシャやポルトガル，スペイン，イタリア，キプロスなどのように，借り換えが困難になって，債務不履行の危機に陥りかねない。幸いなことに，現在，日本の国債の利子率は極めて低い水準にあるといえるが，ちょっとしたことがきっかけとなって急上昇する可能性は，決して否定することができないのである。

問１．下線部(a)のような状況を何というか，漢字３文字を補って正しい用語を完成させなさい。

問２．下線部(b)のような事態を何というか，次のなかから適切なものを一つ選びなさい。
　　ア．クラウディング アウト(crowding out)
　　イ．デフレスパイラル(deflationary spiral)
　　ウ．アドバース セレクション(adverse selection)

— 34 —

13　次の文章を読み，問いに答えなさい。

　失業をともなう不況は好ましくない。また，バブル経済につながるような景気の過熱も好ましいとはいえない。そのため，政府は総需要を調整して景気を安定させることがあるが，経済には元来，税制や社会保障制度など，景気の変動に従って，その機能を自動的に果たす仕組みが組み込まれている。例えば，不況期には失業者や貧困者が増えるため，社会保障給付が増えるが，それは家計の消費を下支えし，景気の悪化をくいとめる効果を持つ。

問1．下線部に記されている「仕組み」を何というか，次のなかから適切なものを一つ選びなさい。
　ア．インフラストラクチャー（infrastructure）
　イ．オートマチック　バランサー（automatic balancer）
　ウ．ビルト　イン　スタビライザー（built-in stabilizer）

問2．下線部に記されている「その機能」を有する税金にはどのようなものがあるか，次のなかから適切なものを一つ選びなさい。
　ア．所得税　　イ．消費税　　ウ．贈与税

14　次の文章を読み，問いに答えなさい。

　預金者は，いつでも預金を引き出すことができるが，銀行が貸し付けた資金は返済期限まで返済されない。そのため，一時期に大量の預金者が預金を引き出そうとすれば，銀行は預金の払い戻しができなくなる。そのため，(a)市中銀行は受け入れた預金の一定割合以上を　　　　　の当座預金に預け入れるように義務づけられている。しかし，預金者が預入先の銀行に不安を感じ，いっせいに預金を引き出そうとすると，それだけでは賄いきれず，収拾のつかない事態となる。

─〔事　　例〕─

　設立以来，積極的な経営を展開し，驚くべき好調ぶりを示していた鈴木銀行は，1907年（明治40年），頭取が株式投機に失敗し，預金者の信用を失った。そのため，同年3月1日から，本店をはじめ同行の各店舗に預金者が殺到し，いっせいに預金の引き出しを求めた。当然，同行は資金繰りに窮し，6月26日には休業に追い込まれてしまった。そして，8月10日に，いったん預金者との間で協議が整い，営業を再開したものの，その後は不振を極め，1919年（大正8年）にはとうとう解散に追い込まれてしまった。

　これほど極端なものではなかったが，バブル経済の崩壊後，都市銀行や長期信用銀行などが相次いで破綻した際にも，(b)同様の騒動が生じている。

問1．文中の　　　　　に入る機関は何か，次のなかから適切なものを一つ選びなさい。
　ア．金融庁　　イ．日本銀行　　ウ．預金保険機構

問2．下線部(a)に記されている制度を何というか，次のなかから適切なものを一つ選びなさい。
　ア．準備預金制度　　イ．預金保護制度　　ウ．預金保険制度

問3．下線部(b)を何というか，〔事例〕の内容を検討し，4文字を補って正しい用語を完成させなさい。

第2回
商業経済検定模擬試験問題
〔ビジネス経済A〕

解答上の注意

1．この問題のページはp.38からp.52までです。

2．解答はすべて別紙解答用紙(p.105)に記入しなさい。

3．文字または数字で記入するもの以外はすべて記号で答えなさい。

4．計算用具などの持ち込みはできません。

5．制限時間は50分です。

1 次の文章を読み，問いに答えなさい。

　　どら焼きの名店T屋（本店・N市）では，昔は原料として小豆や小麦粉，砂糖などを仕入れ，店主と職人たちがじっくりと餡を煮て，一枚一枚手間暇かけて焼き上げた皮でそれを挟み，できあがった商品を自店だけで販売していた。販売の担当も店主の妻と女性従業員の2人だけで，客が立て込んでくると手の空いた職人がそれに加わるという状態であった。

　　しかし，T屋のどら焼きは好評で，家業としての対応では注文に追いつかなくなった。そのため，現在では，餡は製餡業者から購入し，皮も専門の業者に発注している。もちろん，それらの仕様はT屋が詳細に指定し，たえず厳密な品質管理を行いながら，どら焼きに仕上げている。こうして作られたT屋のどら焼きは，市内の直営店のほか，いくつかの土産物店にも卸されるようになり，今ではN市の名物として顧客に販売されている。

問1．T屋で現在行われている分業を特に何というか，次のなかから最も適切なものを一つ選びなさい。
　　ア．垂直的分業　　　イ．技術的分業　　　ウ．社会的分業

問2．T屋の製造・販売のプロセスにおける資源配分の変遷について，どのようなことがいえるか，次のなかから最も適切なものを一つ選びなさい。
　　ア．昔から資源配分のほとんどが市場によってなされており，企業規模が大きくなった現在でも，それに変わりはない。
　　イ．昔から資源配分のほとんどが組織によってなされており，企業規模が大きくなった現在でも，それに変わりはない。
　　ウ．昔は資源配分のほとんどが市場によってなされていたが，企業規模が大きくなるにしたがって，その非効率性が増したため，現在では，そのほとんどが組織によってなされている。
　　エ．昔は資源配分のほとんどが組織によってなされていたが，企業規模が大きくなるにしたがって，その非効率性が増したため，現在では，そのほとんどが市場によってなされている。

2 次の文章を読み，問いに答えなさい。

　　私たちは通常，家に住み，物を食し，服を着て生活をしているが，それ以外にもさまざまなもの
を消費している。そして，家や食べ物，衣服などを生産するには，当然のこととして原材料や人手
が必要になる。このように生産や消費などの経済活動に利用されるものを財というが，それには有
形無形のものがあり，形のあるものを有形財，形のないものを(a)無形財と呼んでいる。

　　また，財の多くは生産によって作り出されるが，なかにはそうではなく，すべての人間が自然か
ら一律に与えられた時間を基礎とするものもある。私たちは(b)それを企業などに売り，代わりに報
酬を得て，その報酬によって(c)生活の糧を得ているのである。

問1．下線部(a)は一般に何と呼ばれているか，カタカナ4文字で答えなさい。

問2．問1に関連して，下線部(a)には具体的にどのようなものがあるか，次のなかから適切な組み
　　合せを一つ選びなさい。
　　ア．医療・介護・警備・通信・調査
　　イ．電気・ガス・石油・水素・酸素
　　ウ．土地・建物・資金・知識・顧客

問3．下線部(b)は何か，第二段落の記述から考えて漢字2文字で答えなさい。

問4．下線部(c)を何というか，文中にある2文字を補って正しい用語を完成させなさい。

3 次の文章を読み，問いに答えなさい。

「味の違いで勝負する」と豪語していた大手牛丼チェーンの「吉野家」が，2013年4月18日，牛丼の定価を約9年ぶりに値下げした。並盛は100円安い280円となり，最大手ゼンショーホールディングスの「すき家」と松屋フーズの「松屋」が仕掛けた価格競争に応戦する形となった。この業界では，御三家と称される上記各社が圧倒的に強く，3社だけで市場の売上高のほとんどを占めているため，マスコミはこの3社の価格競争を盛んに取り上げている。これによって需要が掘り起こされ，牛丼店への来店客が大幅に増えればよいが，そうならないと，(a)3社とも適正な利潤が得られないという状況に追い込まれる危険性がある。

一方，ラーメンの市場には，有名店と無名店，チェーン店と単独店，本店と支店，地元店と全国店，本家(元祖)と分家(暖簾分け店)など，多種多様な店が無数といえるほど存在する。そして，「大勝軒」「中本」「麺屋武蔵」「ラーメン二郎」「六厘舎」「頑者」「すみれ」「こむらさき」「支那そばや」「狼煙」「麺屋一燈」「井出商店」といった有名店だけでなく，(b)ほとんどの店がスープや麺，具材などに工夫を凝らして競い合い，数多くのファンを引きつけて，それぞれが固有の顧客層を確保している。そのため，激しい価格競争はあまり見られず，それどころかラーメンとは思えないほど高価な一杯を出す店もある。

問1．文中の第一段落に記されている牛丼の市場は，どのような市場形態に分類されるか，次のなかから適切なものを一つ選びなさい。
　ア．独占市場　　イ．複占市場　　ウ．寡占市場

問2．問1に関連して，牛丼3社間の価格競争が下線部(a)のようになった場合，この競争を特に何というか，漢字2文字を補って答えなさい。

問3．文中の第二段落に記されているラーメンの市場は，どのような市場形態に分類されるか，次のなかから適切なものを一つ選びなさい。
　ア．自由競争市場　　イ．完全競争市場　　ウ．独占的競争市場

問4．問3に関連して，多数のラーメン店の間で展開されている，下線部(b)のような非価格競争を特に何というか，次のなかから適切なものを一つ選びなさい。
　ア．差別化競争　　イ．特殊化競争　　ウ．多様化競争

4 次の文章を読み，問いに答えなさい。なお，便宜上，下に座表面を掲載したが，答えは解答用紙の座表面に記入しなさい。

右の表はさんまの需給表であり，各価格（円）に対する需要量（万匹）と供給量（万匹）が表されている。

問1．座表面の縦軸をP（価格），横軸をQ_D（需要量）として，両者の関係を表すグラフ（需要曲線D）を黒線で描きなさい。

問2．座表面の縦軸をP（価格），横軸をQ_S（供給量）として，両者の関係を表すグラフ（供給曲線S）を赤線で描きなさい。

問3．さんまの均衡価格はいくらになるか，右上の需給表と問1と問2で作成したグラフを参照して答えなさい。

価　格	需要量	供給量
240円	0万匹	320万匹
210円	40万匹	280万匹
180円	80万匹	240万匹
150円	120万匹	200万匹
120円	160万匹	160万匹
90円	200万匹	120万匹
60円	240万匹	80万匹
30円	280万匹	40万匹
0円	320万匹	0万匹

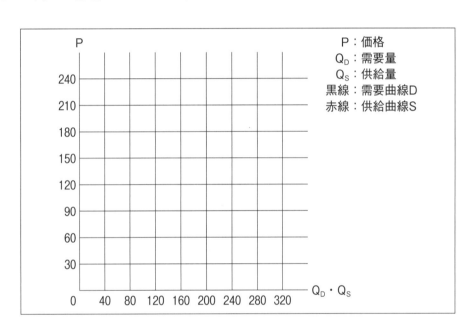

P：価格
Q_D：需要量
Q_S：供給量
黒線：需要曲線D
赤線：供給曲線S

5 次の文章を読み，問いに答えなさい。

　コンビニエンスストアの前を通りかかると，ときどきその店頭に「おにぎり全品100円，10月10日まで」などと記されていることがある。それはテレビ広告などでも大々的に告知されることが多いが，「そんなことをして儲かるのだろうか。ひょっとすると普段は掛け値をしているのではないか」と疑ってみたくなる。しかし，実際には決してそのようなことはなく，本部は，おにぎりについて，販売データに基づき，顧客の価格に対する反応を計算し，セール期間中も一定の利益が確保できると予想している。少なくとも損失が出るようなことはしないのである。つまり，(a)本部は，おにぎりの需要曲線をもとに，現在の価格を何％下げたら，その需要は何％増えるかという割合をしっかりとつかみ，値下げ分を売上増で補っているのである。

　例えば，売上加重平均単価が125円，通常の1週間の売上数量が300個，そして上記の割合が1.2のおにぎりについて，全品100円セールを1週間実施した場合，その期間中，売上数量は通常よりも　　　　　個多くなると計算される。したがって，売上高は通常よりも300円少なくなるが，店全体の販売促進効果を考えると，(b)このようなセールは決して不利な戦略であるとはいえない。

問1．下線部(a)に記されている「割合」のことを何というか，漢字5文字を補って正しい用語を完成させなさい。

問2．文中の　　　　　に入る数値を計算しなさい。

問3．下線部(b)の対象にしやすい商品にはどのようなものがあるか，次のなかから最も適切なものを一つ選びなさい。
　ア．だれもが毎日消費する塩や醤油，コメ，食パンなど
　イ．ふつうのおでんやドーナツ，牛丼，ハンバーガーなど
　ウ．普及率の高いテレビや冷蔵庫，洗濯機，電子レンジなど

6 次の文章を読み，問いに答えなさい。

　私たち消費者は，さまざまな財のなかから，限られた予算のなかで自分の満足度が最も高くなるよう，消費する財とその数量を決定している。

　そこで，消費する財の量と満足度の大きさの関係について，バナナを例に考えてみよう。消費者はバナナを食べれば食べるほど，全体の満足度は増えていくだろう。しかし，最初はとてもおいしいと感じたバナナも，たくさん食べるうちにお腹がいっぱいになり，飽きてしまい，新たに追加して食べる1本のバナナから得られる満足度の増加分は，次第に小さくなっていく。こうした傾向は何もバナナに限ったことではなく，一般的にいうことができ，それを限界 ① 逓減の法則と呼んでいる。そして，各消費者の個別の財に対する需要曲線が ② であることを，この法則によって説明することができる。つまり，最初は高い価格でも，その財，例えばバナナの最初の消費からは高い満足度が得られるため，消費者は高いお金を支払ってでもそれを手に入れようとする。しかし，消費量が増えていくと，バナナの消費から得られる満足度は減るので，支払ってもよいと思う金額も下がっていく。

　ところが，テレビや雑誌などで「バナナ健康法」や「バナナダイエット」などが紹介されると，事態は変化する。多くの消費者が，健康やダイエットのため，多少価格は高くてもこぞってバナナを買おうとするので，どの価格に対しても需要量は多くなり，需要曲線は ③ にシフトする。これを需要の増加という。逆に，「バナナは太る」「バナナは体に悪い」などという話がマスコミから流れると，バナナの需要は減少し，需要曲線は ④ にシフトする。

問1．第一段落に記述されている消費者の行動を何というか，次のなかから適切なものを一つ選びなさい。
　　ア．最適消費　　イ．均衡消費　　ウ．限界消費

問2．文中の随所に記されている「満足度」のことを経済学では何というか，次のなかから適切なものを一つ選びなさい。なお，その用語は ① に入るものである。
　　ア．利益　　イ．効用　　ウ．成果

問3．文中の ② ・ ③ ・ ④ にそれぞれ入るものは何か，次のなかから適切な組み合せを一つ選びなさい。
　　ア．②右上がり・③左・④右　　　イ．②右上がり・③右・④左
　　ウ．②右下がり・③左・④右　　　エ．②右下がり・③右・④左

問4．第三段落に記されているバナナに対する消費者の感情を経済学では何というか，漢字2文字で答えなさい。

7　次の文章を読み，問いに答えなさい。

　　下図において，左のグラフは新薬を開発したＴ社の限界費用曲線（MC）を，右のグラフはその市場を表している。同社は長い年月と莫大な費用をかけて画期的な新薬の開発に成功した。そのかいあって，当初，供給者はＴ社だけであったので，供給曲線（Ｓ）は事実上MCとなる。すると，Ｓと需要曲線（D）との交点（E）で均衡が成立し，均衡価格は1,000円，均衡量は200万錠となる。同社は，しばらくの間，200万錠のすべてを生産し，非常に高い利益率から大きな利潤を獲得した。それを可能にしたのは，(a)価値ある発明をした者に，政府が一定期間，その発明を独占的に使用する権利を与える制度であった。しかし，その期間が過ぎると，Ｔ社が開発した新薬を模倣し，かなり安い価格で市場に供給する同業者が現れた。(b)供給曲線がS′へと大きく右にシフトし，均衡点はE′へと移動した。これにより，均衡価格は250円に落ち込んで，均衡量は800万錠にまで拡大した。当然，Ｔ社の生産量はかなり縮小し，同社は利潤をほとんど得られなくなった。

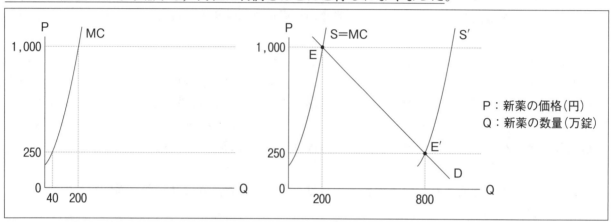

問1．下線部(a)に記述されている制度を何というか，漢字2文字を補って答えなさい。

問2．下線部(b)に記されている「Ｔ社の生産量」は何万錠か，上の図を参照して答えなさい。

8　次の文章を読み，問いに答えなさい。

　東京電力株式会社(以下「東電」という。)は，国家の規制により発送電一体型の地域独占を許され，
1都8県の広域にわたって幅広く電力供給を行っている。そして，ひと頃は，高校生の多くが就職
を希望する優良企業であったが，果たしてその実態はどのようなものなのか，経済学の観点から分
析してみることにしよう。

　同社は，東日本大震災による福島第一原子力発電所の事故後，(a)①一方的に計画停電を実施し，
②顧客に節電目標を押し付けた。その後も③電力不足の危機感を煽りながら節電を呼びかけ，さら
には電力料金の大幅な値上げを断行した。そして，値上げ分の不払いを主張する企業や自治体，消
費者などに対しては，「電力の供給を停止する」と脅かした。もともと原発事故は東電自身の事情
であるにもかかわらず，そのしわ寄せを顧客に押し付けたわけで，一般的な産業・企業であれば絶
対にありえないことである。実は，こうした一連の対応には，次のような事情とからくりがあった
のである。

　震災後しばらくすると，管内の原発がすべて停止し，東電は火力発電に頼らざるを得なかった。
それには大量の天然ガスの輸入が必要で，当然のこととして発電コストが上昇する。つまり，これ
以上発電すると，限界費用が増加し，「限界収入＜限界費用」となって利潤が減ってしまう。賠償
問題を抱えている同社には，そうした事態を避けるため，(b)顧客に気づかれないように需要を抑え
る必要があった。

　次に東電が画策したのは値上げである。そもそも，(c)独占企業の同社は好きなように市場価格を
決定することができる。つまり，市場の需要はほとんどすべて自社のものなので，需要曲線上のど
の点でも取引ができ，完全な価格支配力を持っていた。しかも，値上げによる需要量の減少は望む
ところである。こうして，(d)独占企業の東電は，自社の収入と費用を比較しながら，価格を調節す
ることにより，最終的に最大利潤を達成する取引点に行き着こうとした。

　このような実態に対して，当時の菅直人首相は，電力会社の発電と送電の分離など事業形態のあ
り方まで含めて議論する考えを示したが，政権が代わった現在でも，地域独占体制の見直しを含め
た抜本的な電力改革が断続的に議論されているのである。

第2回模擬

問1．下線部(a)の①～③のうち，下線部(b)を直接的な目的として行われたといわれている活動はど
　　れか，番号で答えなさい。

問2．下線部(c)に記されている東電のような立場を何というか，次のなかから適切なものを一つ選
　　びなさい。
　　ア．プライスメイカー(price maker)
　　イ．プライスレイカー(price raker)
　　ウ．プライステイカー(price taker)

問3．下線部(d)の「取引点」に行き着いた状況を何というか，漢字4文字で答えなさい。

問4．問3に関連して，その「取引点」に行き着いた結果，市場はどのような状態になるか，次の
　　なかから適切なものを一つ選びなさい。
　　ア．取引価格は競争価格よりも明らかに高くなり，取引量は競争均衡量よりも多くなる。
　　イ．取引価格は競争価格よりも明らかに高くなり，取引量は競争均衡量よりも少なくなる。
　　ウ．取引価格は競争価格よりも明らかに安くなり，取引量は競争均衡量よりも多くなる。
　　エ．取引価格は競争価格よりも明らかに安くなり，取引量は競争均衡量よりも少なくなる。

9 次の文章を読み，問いに答えなさい。

2013年10月22日，阪急阪神ホテルズは，提供している料理の食材が表記のものと異なっていると発表した。具体的には，「ビーフステーキ」とだけ表示されていた料理に牛の脂を注入した加工牛肉が使われていたり，「鮮魚」と表示されていた料理に冷凍保存した魚が使われていたりしたという。これを契機に，同様なことがホテル内のレストランだけでなく，デパート内のレストランや単独のレストラン，飲食店チェーンなど，全国各地で発覚し，食材偽装がにわかに社会問題化した。

この問題の根幹は，(a)売り手は財のすべての情報を把握しているのに，買い手はその一部分しか知ることができないということにある。例えば，料理の食材について，レストラン側はその詳細を完全に把握しているが，顧客には，それがメニュー通りなのかどうか，相当な食通でもない限りはわからない。そのため，メニュー表示は同じでも，本物と偽物の料理が混在しがちとなる。当然のこととして質の低い偽物は安く提供できるが，質の高い本物はそれなりの価格でないと提供できない。すると，(b)顧客は偽物を選択するので，本物は敬遠され，やがて市場から排除されてしまう。こうした状況を放置していると，街のレストランから本物の食材を使った料理は姿を消し，いつの間にか偽物だけが横行するようになる。

このような現象は，1970年代にアメリカの中古車市場で実際に発生した。アメリカでは最悪の財を＿＿＿＿というところから，このような現象が起こった市場は「＿＿＿＿の市場」と呼ばれた。

問１．文中の＿＿＿＿には果物の名称が入るが，それは何か，カタカナ３文字で答えなさい。

問２．下線部(a)のような状況を何というか，次のなかから正しい用語を一つ選びなさい。
　ア．情報の不平等性　　イ．情報の不均衡性　　ウ．情報の非対称性

問３．下線部(b)のような現象を何というか，次のなかから適切なものを一つ選びなさい。
　ア．モンド セレクション（monde selection）
　イ．アドバース セレクション（adverse selection）
　ウ．ハイブリッド セレクション（hybrid selection）

10　次の文章を読み，問いに答えなさい。

　　マクロ経済学の活発さを表す指標に，国内総生産(GDP)がある。総生産とは，すべての生産物の生産額を単純に合計したものではなく，一国内で一定期間中に生み出された付加価値の合計であると定義されている。付加価値とは，生産額からその生産に必要となった中間費用を差し引いたものであり，すべての生産者が生み出した付加価値の合計は，その期間中に生み出された最終生産物の生産額に相当する。

　　したがって，GDPは，一定期間に生み出された最終生産物の生産額に対応するが，その間に物価が2倍になれば，実質的な生産活動に変化がなくても生産額は2倍になり，GDPの値も2倍になる。そのため，経済指標としてGDPを有効に活用するためには，物価変動による影響を取り除く必要がある。この調整を行ったGDPを　①　，調整を行う前の，そのときどきの価格で評価されたGDPを　②　という。また，　③　の増加率を経済成長率という。

─〔事　例〕─
　　A農家は中間生産物を使うことなく2,000円分の大豆を生産し，B豆腐店はその大豆を仕入れて3,000円分の豆腐を生産した。そして，Cスーパーはその豆腐をすべて仕入れて6,000円で消費者に売り尽くした。

問1．文中の①～③のそれぞれに入るものは何か，次のなかから適切な組み合せを一つ選びなさい。
　ア．①名目GDP・②実質GDP・③実質GDP
　イ．①名目GDP・②実質GDP・③名目GDP
　ウ．①実質GDP・②名目GDP・③名目GDP
　エ．①実質GDP・②名目GDP・③実質GDP

問2．ある国の今年1年間の生産活動は〔事例〕に記されたものだけであったとする。この場合，この国の今年のGDPはどのように計算されるか，次のなかから適切なものを一つ選びなさい。
　ア．2,000円＋3,000円＋6,000円＝11,000円
　イ．(3,000円－2,000円)＋(6,000円－3,000円)＝4,000円
　ウ．2,000円＋(3,000円－2,000円)＋(6,000円－3,000円)＝6,000円

11 次の文章を読み，問いに答えなさい。

　ある国と他の国の経済規模を比較しようとする場合，GDPが有力な指標となる。ところが，GDPは通常，「日本：468兆円，中国：45兆元，アメリカ：15兆ドル」というように，それぞれの国の通貨単位で表示されるため，国際比較をする際には米ドルのような共通の通貨に換算する必要がある。その換算は，(a)銀行や貿易商社などが異なる通貨の取引を行う際に用いる交換比率によってなされるが，それは「＄1＝92円」「＄1＝6元」というように示される。上記のGDPをこの比率によって換算すると，「①アメリカ：15.0兆ドル，②中国：7.5兆ドル，③日本：5.0兆ドル」となり，経済規模の順位が明確になる。

　ところが，1ドル分の貨幣でどれだけの商品を購入できるかは国によって異なるので，ドル換算されたGDPの国際比較は，生活実感からずれる可能性がある。そこで，(b)世界中でほぼ同じ品質が保たれ，価格に原材料費・賃金・水道光熱費など，さまざまな費用が含まれている商品を選び出し，その価格を基準にして，より生活実感に近い換算比率を計算しようとする試みが行われている。例えば，ある基準商品の価格がアメリカで4ドル，日本で340円，中国で22元であるとすれば，ドルに対する円と元，それぞれの換算比率は「＄1＝　①　円」「＄1＝　②　元」と計算される。各国の通貨間でこのような比率を計算し，それでGDPを換算すれば，より生活実感に近い国際比較が可能になる。ただし，たった1品目だけで厳密な比較を行うことは難しく，ドルと円の関係について，ある品目で計算すると実際の交換比率よりも円高になり，別の品目で計算すると逆に円安になるということもある。

問1．下線部(a)を何というか，次のなかから適切なものを一つ選びなさい。
　　ア．為替レート　　　イ．コール レート　　　ウ．プライム レート

問2．下線部(b)に記されている商品には実際にどのようなものが用いられているか，次のなかから適切なものを一つ選びなさい。
　　ア．アサヒビールの「スーパードライ」や日清食品の「カップヌードル」など
　　イ．マクドナルドの「ビッグマック」やスターバックスの「トールラテ」など
　　ウ．ケンタッキーフライドチキンの「オリジナルチキン」やミスタードーナツの「オールドファッション」など

問3．問2に関連して，下線部(b)に記されている換算比率を何というか，次のなかから適切なものを一つ選びなさい。
　　ア．基準バスケット(standard basket)
　　イ．購買力平価(PPP：purchasing power parity)
　　ウ．消費者物価指数(CPI：consumer price index)

問4．文中の　①　と　②　にはそれぞれどのような数字が入るか，次のなかから適切な組み合せを一つ選びなさい。
　　ア．①1,360・②88　　イ．①95・②6.5　　ウ．①85・②5.5

12 次の文章を読み，問いに答えなさい。

　多くの人たちは，主に働いて得た所得で家計を構成し，生活を営んでいる。しかし，その所得の
すべてが自由に使えるわけではない。なぜならば，家計の所得の一部は，地元自治体を含む政府に
より，各種税金や社会保険料などとして強制的に徴収されているからである。われわれは(a)その残
りを，まず，住居費の支払いや生活必需品の購入などの基礎的消費にあてる。そして，(b)それらを
除いた部分を，各人の好みに応じて消費したり(選択的消費)，貯蓄したりしている。

　ところが，われわれの所得はバブル期以降，減少の一途をたどっているのに，税金や社会保険料
はじわじわと増加しているため，国民の生活はますます苦しくなってきている。具体的な数字を示
していえば，国税と地方税に社会保障負担を加えた金額が国民所得に占める割合，すなわち(c)国民
負担率は，ここ十年ほど40％前後で推移し，さらに(d)潜在的な国民負担率は50％以上にのぼってい
る。つまり，年収500万円の一般的な会社員の家計は，50万円ほどの借金を背負いながら，300万円
前後でやりくりされていることになる。しかも，年金・医療・介護などの社会保障制度を現行のま
ま維持すれば，2025年ごろには，潜在的な国民負担率は60％程度まで上昇するだろうといわれてい
る。

問1．下線部(a)と(b)をそれぞれ何というか，次のなかから適切な組み合せを一つ選びなさい。
　　ア．(a)一時所得・(b)可処分所得　　　イ．(a)自由裁量所得・(b)可処分所得
　　ウ．(a)一時所得・(b)自由裁量所得　　エ．(a)可処分所得・(b)自由裁量所得

問2．下線部(c)と(d)はどのような関係にあるか，次のなかから適切なものを一つ選びなさい。

　　ア．下線部(d)＝下線部(c)＋$\dfrac{財政赤字}{国民所得(NI)}$

　　イ．下線部(d)＝下線部(c)＋$\dfrac{家計の借金(住宅ローンなど)}{国民所得(NI)}$

　　ウ．下線部(d)＝下線部(c)＋$\dfrac{財政赤字+家計の借金(住宅ローンなど)}{国民所得(NI)}$

**問3．問2に関連して，下線部(c)をわが国と欧米諸国との間で比較した場合，どのようなことがい
　　えるか，次のなかから適切なものを一つ選びなさい。**
　　ア．わが国は，アメリカをはじめ，イギリスやドイツ，さらにはフランスやスウェーデン，いず
　　　れの国よりも高い水準にある。
　　イ．わが国は，アメリカよりは低いが，イギリスやドイツと比べれば高く，さらにフランスやス
　　　ウェーデンと比べればかなり高い水準にある。
　　ウ．わが国は，アメリカよりは高いが，イギリスやドイツと比べれば低く，さらにフランスやス
　　　ウェーデンと比べればかなり低い水準にある。

13 次の文章を読み，問いに答えなさい。

　政府が徴収する税は，所得税・法人税・相続税などの直接税と消費税・酒税・(a)たばこ税などの間接税の二つに大別される。これらのうち，わが国では1949年のシャウプ税制勧告以来，所得税が重視されてきたが，この税制が正しく機能するためには，政府が国民の一人ひとりの所得を正確に把握している必要がある。ところが，課税所得の実際の捕捉率は給与所得者でほぼ10割であるのに対し，自営業者で約5割，農林水産業者で約3割，そして政治家に至っては約1割であると見られており，この状態を「トーゴーサンピン」と称している。それが事実であるとするならば，(b)所得税に税収の大半を依存する従来の税制のままでは，(c)「同じ所得であれば職業などにかかわらず同じ税を負担すべきだ」という当然の主張に，政府は到底応えることができない。そこで，1989年(平成元年) 4月1日に消費税が導入されて以来，直接税と間接税の比率，すなわち(d)直間比率の見直しが議論されるようになった。

　一方，企業の利益にかかる法人税は，財政赤字の削減に向けて新たな財源が検討されるなか，その税率は一貫して減少傾向にあり，一部の野党からは(e)こうした企業優遇税制の改正を求める声が上がっている。

問1．下線部(a)のような税金には，税収のほかにどのような効果が期待されているか，次のなかから適切なものを一つ選びなさい。
　　ア．人々の消費行動を誘導する効果
　　イ．業者の販売活動を適正化する効果
　　ウ．課税品目の価格を安定させる効果

問2．下線部(b)をさらに放置した場合，この先どのようなことが予想されるか，次のなかから最も適切なものを一つ選びなさい。
　　ア．国際化の進展により，高所得者の海外移住が増え，十分な税収が得られなくなる。
　　イ．高齢化の進展により，所得税を負担しない者が増え，十分な税収が得られなくなる。
　　ウ．所得格差の拡大により，非課税となる労働者が増え，十分な税収が得られなくなる。

問3．下線部(c)を何というか，次のなかから最も適切なものを一つ選びなさい。
　　ア．税負担の水平的公平性を求める主張
　　イ．税負担の垂直的公平性を求める主張
　　ウ．税負担の社会的公平性を求める主張

問4．下線部(d)に記されている議論のなかで，現在よりも所得税の比率を引き下げ，その分消費税の比率を引き上げることについて，どのような問題点が指摘されているか，次のなかから適切なものを一つ選びなさい。
　　ア．高所得者の税負担が重くなり，反対に低所得者の税負担が軽くなってしまう。
　　イ．高所得者の税負担が軽くなり，反対に低所得者の税負担が重くなってしまう。
　　ウ．高所得者も低所得者も，できるだけ消費を減らそうとするようになってしまう。

問5．下線部(e)がとられている理由は何か，次のなかから適切なものを一つ選びなさい。
　　ア．国内の企業が高い税金を納めるため，従業員の人数や賃金を減らす恐れがあること。
　　イ．国内の企業が高い税金を納められなくなり，倒産や廃業の件数が増える恐れがあること。
　　ウ．国内の企業が低い税率を求めて海外に移転し，国内産業が空洞化する恐れがあること。

14 次の一連の文章〔Ⅰ〕と〔Ⅱ〕を読み，それぞれの問いに答えなさい。

〔Ⅰ〕アベノミクスの概要

　2012年(平成24年)11月14日，その2日後に衆議院を解散し，総選挙を行うことが決まった。これを受けて，政権復帰が視野に入った自民党の安倍晋三総裁は，翌日，デフレ脱却を目指す無制限の量的緩和策を打ち出した。すると日経平均株価と外国為替相場が連動し，選挙運動中，株高と円安が生じた。それを目の当たりにしたマスコミは，同氏の経済政策に対してアベノミクスという言葉を使い始めた。

　予定通り政権復帰を果たし，第96代内閣総理大臣に任命された安倍氏は，アベノミクスの基本方針として，大胆な金融政策，(a)機動的な財政政策，民間投資を喚起する成長戦略の三つを掲げ，これを「3本の矢」と表現した。なお，その個別政策には，次のようなものがある。

　1．2％のインフレ目標　　　2．円高の是正　　　3．政策金利のマイナス化
　4．無制限の量的緩和　　　5．大規模な公共投資(国土強靱化)
　6．日本銀行の買いオペレーションによる国債の引き取り　　　7．日本銀行法改正

問1．下線部(a)に該当する個別政策はどれか，1～7のなかから一つ選んで番号で答えなさい。

問2．問1に関連して，下線部(a)のねらいは何か，次のなかから適切なものを一つ選びなさい。
　ア．プラスの需要ショックを起こして総需要曲線を右にシフトさせ，景気の拡大と物価の上昇を図ること。
　イ．プラスの需要ショックを起こして総需要曲線を左にシフトさせ，景気の拡大と物価の上昇を図ること。
　ウ．マイナスの需要ショックを起こして総需要曲線を右にシフトさせ，景気の拡大と物価の上昇を図ること。
　エ．マイナスの需要ショックを起こして総需要曲線を左にシフトさせ，景気の拡大と物価の上昇を図ること。

問3．「個別政策の1」はどのようなインフレを目指しているか，次のなかから最も近いものを一つ選びなさい。
　ア．クリーピング インフレーション(creeping inflation)
　イ．ギャロッピング インフレーション(galloping inflation)
　ウ．ハイパー インフレーション(hyper inflation)

問4．「個別政策の6」は「4」の具体策の一つといえるが，その直接的なねらいは何か，次のなかから適切なものを一つ選びなさい。
　ア．マネタリー ベースを減少させ，財政赤字の増加を抑えながら総需要を引き上げて，デフレからの脱却を図ること。
　イ．マネタリー ベースを増大させ，銀行からの借入を容易にすることで総需要を引き上げて，デフレからの脱却を図ること。
　ウ．マネタリー ベースを増大させ，国民の所得を増やすことで総需要を引き上げて，デフレからの脱却を図ること。

問5．「個別政策の6」に記されている国債はどのようなものか，次のなかから適切なものを一つ選びなさい。
　ア．新規に発行された赤字国債　　　イ．新規に発行された建設国債
　ウ．過去に発行された建設国債

※文章〔Ⅱ〕とそれに関する問いは，次のページにあります。

〔Ⅱ〕アベノミクスの行方

個別政策が実行され，それぞれの目標が達成されて，アベノミクスの「3本の矢」がすべて的に当たれば，日本経済は久しぶりにデフレから脱却して上昇軌道に乗ることができる。しかし，3本目の矢がはずれると，われわれの所得は増えずに物価だけが上がり，しかも財政赤字がさらに増えるという最悪の結果になる。実際に，第2次安倍内閣が発足して以降，(b)円安の進行によって原油や天然ガス，小麦や大豆，パルプなど，輸入原材料の価格が上昇している。もしも，そのために企業がこれまでと同じ価格で従来の生産量を維持することができなくなると，(c)インフレ目標は達成されても経済活動は停滞したままになってしまう。

問6．下線部(b)のような現象を何というか，次のなかから適切なものを一つ選びなさい。
　ア．プラスの供給ショック
　イ．マイナスの供給ショック
　ウ．クラウディング アウト

問7．下線部(c)のような現象を何というか，次のなかから適切なものを一つ選びなさい。
　ア．イノベーション（innovation）
　イ．スタグネーション（stagnation）
　ウ．スタグフレーション（stagflation）

第3回
商業経済検定模擬試験問題
〔ビジネス経済A〕

解答上の注意

1．この問題のページはp.54からp.69までです。

2．解答はすべて別紙解答用紙(p.107)に記入し
なさい。

3．文字または数字で記入するもの以外はすべて
記号で答えなさい。

4．計算用具などの持ち込みはできません。

5．制限時間は50分です。

1　次の文章を読み，問いに答えなさい。

　　50年ほど前，わが国の有名大学の経済学部には「マル経」と「近経」という区分があり，東京大・京都大・法政大などでは前者が，一橋大・大阪大・慶応大などでは後者が多数派を占め，早稲田大や明治大などでは両勢力が拮抗していた。

　　「マル経」というのは，マルクス経済学の略称であり，この経済学は資本主義を記述的に分析し，矛盾点を指摘して，その枠組み自体の是非を問うことが多かった。つまり，平等と公平を基本理念とし，自由競争と市場最優先がもたらす格差と貧困の拡大を少なくするため，国の政策としては規制の実施を，企業の雇用策としては終身雇用・年功序列の採用を主張するものであった。

　　これに対して，「近経」というのは，近代経済学の略称であり，この経済学では多くの場合，数学的モデルを構築し，それを分析することに重点が置かれ，さらには統計学や計量経済学を用いたモデルの妥当性の検証も盛んに行われている。ただし，もともと資本主義を前提としていたため，その是非，すなわち価値判断には立ち入らない。当初，近代経済学といえば，ケインズ経済学を指すことが多かったが，その後，アメリカを代表する経済学者の　　　　が，ケインズ経済学と新古典派経済学を総合する新古典派総合の理論を確立したことにより，より一層の発展をみた。

　　当時，わが国ではマルクス経済学が主流であった。しかし，その後，現実には社会主義国の経済が行き詰まり，マルクス・レーニン主義のソ連やその陣営を構成していた東欧諸国が相次いで崩壊し，さらに，中国も事実上，社会主義経済を放棄するに及んで，今やマルクス主義の影響力は消滅しつつあるといえよう。それは経済学がイデオロギー（思想）からサイエンス（科学）へと完全に脱皮したことを意味する。

問1．文中の　　　　に入るのはだれか，次のなかから適切なものを一つ選びなさい。
　ア．サミュエルソン（Paul Anthony Samuelson）
　イ．ヒックス（John Richard Hicks）
　ウ．フリードマン（Milton Friedman）

問2．わが国においてマルクス経済学が勢いを失った原因は何か，次のなかから最も適切なものを一つ選びなさい。
　ア．近代経済学の学者たちとの論争に，たびたび敗れたこと。
　イ．バブル経済が崩壊し，その後，デフレが長く続いたこと。
　ウ．計画経済の非効率性が，世界的な規模で実証されたこと。

問3．近代経済学は近年，政府の経済への介入についてどのような立場をとっているか，次のなかから最も適切なものを一つ選びなさい。
　ア．市場経済を理想とし，政府は経済に一切介入すべきではないとしている。
　イ．市場経済を理想としつつも，ある程度まで政府が経済に介入する必要性も認めている。
　ウ．市場経済を基本とするが，政府は経済に積極的に介入すべきであるとしている。

2 次の文章を読み，問いに答えなさい。

　さまざまな財は，家計・企業・政府によって生産や消費のために利用されている。そして，それらの財がどの経済主体にどれだけ利用されるかという財の配分を資源配分という。

　限りある財は有効に使われなければならない。そのためには，どのように資源配分を行うかを決める社会的なしくみが必要で，これを資源配分メカニズムといい，その一つに(a)市場メカニズムがある。また，身近なところでは，(b)①サイコロやくじ引きなどによる抽選，②インターネットなどを介して盛んに行われているオークション，③早い者勝ち・長幼の序といった社会慣習などがある。

問．下線部(b)のうち，下線部(a)に分類され，最も効率性が高いとされる資源配分メカニズムはどれか，適切なものを一つ選び，番号で答えなさい。

次の文章を読み，問いに答えなさい。

　2005年12月，秋元康のプロデュースにより，女性アイドルグループ「AKB48」が誕生した。その当時は，まだ「モーニング娘。」の全盛期で，AKBのメンバーは，インタビューで目標を訊(き)かれると「モー娘」と答えることさえあった。それが今ではすっかり立場が逆転してしまい，テレビでAKBを見かけない日はないが，モー娘の姿は以前ほど見かけない。

　AKB48には専用劇場があり，ファンはそこへ行けばいつでも好きなメンバーに会うことができる。しかも，CDを買えば，彼女と直接握手をしたり，会話をしたりすることもできる。このAKBの「会いに行けるアイドル」というコンセプトは，計算しつくされた戦略であり，<u>従来のアイドルグループにはなかった魅力を創り出している</u>。つまり，ファンは，お気に入りのメンバーを自分の彼女だと錯覚してしまうのである。

問．AKB48の戦略を何というか，下線部に着目して，次のなかから適切なものを一つ選びなさい。
　　ア．サービスのソフト化　　イ．サービスの仮想化　　ウ．サービスの差別化

4 次の一連の文章〔Ⅰ〕と〔Ⅱ〕を読み，それぞれの問いに答えなさい。

〔Ⅰ〕国民所得と国内総生産

　一定期間における経済活動の量を示すものをフローといい，その代表的なものに国民所得がある。国民所得(NI)は，まず，国民総生産から固定資本減耗分を差し引いて国民純生産を求め，さらに，そこから(a)生産物の価格に織り込まれている間接税(生産・輸入品に課される税)を控除し，これに政府の補助金を加算することで算出される。なお，広い意味では，(b)国民総生産(GNP)や国民純生産(NNP)，さらには(c)国内総生産(GDP)や国内純生産(NDP)も国民所得と称される。そして，これらの国民所得は，ある国と他の国の経済規模や，ある国の過去と現在の経済規模などを比較するときの指標となっており，昔は主にGNPが用いられていた。しかし，経済が　　　　した現在では，これに代わってGDPが使用されている。

問1．文中の　　　　に入る用語は何か，次のなかから適切なものを一つ選びなさい。
　　ア．サービス化またはソフト化　　　イ．情報化またはIT化　　　ウ．国際化またはグローバル化

問2．下線部(a)にはどのようなものがあるか，次のなかから適切な組み合せを一つ選びなさい。
　　ア．所得税・法人税・住民税・固定資産税など
　　イ．事業税・印紙税・贈与税・相続税など
　　ウ．消費税・関税・酒税・ガソリン税など

問3．下線部(b)と(c)はどのような関係にあるか，次のなかから適切なものを一つ選びなさい。
　　ア．下線部(c)＝下線部(b) ＋ 海外から送金される利子や賃金などの所得 － 海外へ送金される利子や賃金などの所得
　　イ．下線部(c)＝下線部(b) － 海外から送金される利子や賃金などの所得 ＋ 海外へ送金される利子や賃金などの所得
　　ウ．下線部(c)＝下線部(b) ＋ 海外から送金される利子や賃金などの所得 ＋ 海外へ送金される利子や賃金などの所得
　　エ．下線部(c)＝下線部(b) － 海外から送金される利子や賃金などの所得 － 海外へ送金される利子や賃金などの所得

※文章〔Ⅱ〕とそれに関する問いは，次のページ以降にあります。

〔Ⅱ〕三つの側面から見たGDP

　〔Ⅰ〕では，国民所得について生産の側面，すなわち(d)生産国民所得について述べたが，国民所得は，これに加えて分配や支出の側面からもとらえることができる。なぜならば，生産国民所得は，(e)①賃金・②利潤・③利子・④配当・⑤地代などの形でそれぞれの生産要素の提供者に分配されるので，(f)分配国民所得としてもとらえられ，さらに，それは家計が消費する部分，政府が消費する部分，(g)消費されないで投資に回される部分，輸出される部分にわかれるので，(h)支出国民所得としてもとらえられるからである。このように，国民所得には，生産→分配→支出という一連の流れがあり，(i)生産物の価値は，経済活動を通じて，各経済主体（家計・企業・政府・外国）の間を巡りまわっている。つまり，これがまさしく国民所得のフロー（flow：流れ）たるゆえんなのである。なお，この三つの国民所得，すなわち(j)生産国民所得（生産面からみたGDP）・分配国民所得（分配面からみたGDP）・支出国民所得（支出面からみたGDP）は，一つの国民所得を異なる側面からみたものなので，当然，それぞれの金額は相互に等しくなる。

問４．下線部(d)は，基本的にはどのような区分で推計されるか，また，その年次や年代ごとの変化からどのような傾向が読み取れるか，次のなかから適切なものを一つ選びなさい。
　ア．基本的には産業別に推計され，経済のサービス化の傾向が読み取れる。
　イ．基本的には企業規模別に推計され，市場の寡占化の傾向が読み取れる。
　ウ．基本的には地域別に推計され，産業の地域的集中の傾向が読み取れる。

問５．下線部(e)の五つはそれぞれどのように分類されるか，次のなかから適切なものを一つ選びなさい。
　ア．①は労働所得に，②は営業余剰に，そして③と④と⑤は財産所得に分類される。
　イ．①と③は労働所得に，②と④は営業余剰に，そして⑤は財産所得に分類される。
　ウ．①と②と③は労働所得に，④は営業余剰に，そして⑤は財産所得に分類される。

問６．問５に関連して，下線部(e)の①と②は，下線部(f)においてそれぞれどのような項目に区分されているか，次のなかから正しいものを一つ選びなさい。
　ア．①は「雇用者報酬」に，②は「営業余剰・混合所得」に区分されている。
　イ．①は「雇用者報酬・混合所得」に，②は「営業余剰」に区分されている。
　ウ．①は「労働所得」に，②は「営業余剰・混合所得」に区分されている。
　エ．①は「労働所得・混合所得」に，②は「営業余剰」に区分されている。

問７．下線部(g)は，下線部(h)では「総資本形成」という項目で示されるが，これにはどのようなものが含まれるか，次のなかから適切な組み合せを一つ選びなさい。
　ア．家計による税金の支払い分，企業によるコンピュータシステム更新代金の支払い分，
　　政府による公務員給与の支払い分
　イ．家計による住宅建設代金の支払い分，企業による在庫の積み増し分，
　　政府による戦闘機購入代金の支払い分
　ウ．家計による個人年金の積み立て分，企業による配当金の支払い分，
　　政府による国債利息の支払い分

問８．下線部(i)の現象を何というか，次のなかから適切なものを一つ選びなさい。
　ア．経済輪廻（りんね）　　イ．経済循環　　ウ．景気循環

問9．下線部(j)の関係を何というか，漢字4文字を補って正しい用語を完成させなさい。

問10．本文に記されているGDPを一つの指標として見た場合，どのようなことがいえるか，次の
なかから適切なものを一つ選びなさい。
ア．各国の経済規模を知るための共通の指標としては有益であるが，その大きさがそのまま各国
民の福祉の水準を示しているわけではない。
イ．各国の経済規模を知るための共通の指標としては使いにくいが，その大きさは各国民の福祉
の水準をある程度まで示している。
ウ．各国の経済規模を知るための共通の指標として有益であり，しかも，その大きさがそのまま
各国民の福祉の水準を示している。

次の一連の文章〔Ⅰ〕・〔Ⅱ〕・〔Ⅲ〕を読み，それぞれの問いに答えなさい。

〔Ⅰ〕利潤の最適化──その定義

　　財を生産する際にかかる費用の合計を総費用という。総費用は，(a)生産量に応じて増加する変動費（具体的には，原材料費や労働費などのこと）と，(b)生産量にかかわらず変化しない固定費（具体的には，生産設備などの資本や土地の費用のこと）の二つで構成されている。企業は，財を生産し販売して得られる収入から，この総費用を差し引いた部分，すなわち，もうけが最大になるように生産量を決定する。これを利潤の最大化（最適生産）という。

問１．下線部(a)に記されている「変動費」には，財の生産量との間にどのような関係があるか，次のなかから適切なものを一つ選びなさい。

　　ア．いかなる生産量においても，生産量の増加率と同様のペースで増えていくという関係。

　　イ．一定量以上の生産量があると，生産量の増加率以上のペースで増えていくという関係。

　　ウ．一定量以上の生産量があると，生産量の増加率以下のペースで増えていくという関係。

問２．下線部(b)に記されている「固定費」には，財の生産量との間にどのような関係があるか，次のなかから適切なものを一つ選びなさい。

　　ア．生産量が増加してもしなくても，平均固定費（財１個あたりの固定費）は変わらないという関係。

　　イ．生産量が増加すればするほど，平均固定費は大きくなっていくという関係。

　　ウ．生産量が増加すればするほど，平均固定費は小さくなっていくという関係。

※文章〔Ⅱ〕・〔Ⅲ〕とそれに関する問いは，次のページ以降にあります。

〔Ⅱ〕利潤の最適化──その事例

　利潤の最大化について，事例を用いて検討してみよう。右の第1図は，パンの市場が完全競争市場となっていると仮定し，そこで活動するK社の限界費用曲線を描いたものである。(c)この市場で同社は，市場価格の100円は変化しないもの，変更できないものとして取り扱うので，平均収入（AR）と限界収入（MR）はともに市場価格を示す水平線（100円）として表現される。したがって，K社の最適生産は，限界費用曲線がこの水平線と交わるE点で示される。つまり，(d)K社は利潤を最大にするため，その限界収入と限界費用が等しくなり，追加的な利潤がゼロになるまで増産するのである。なお，下の表は，そのK社の生産量と利潤の関係を詳細に示したものである。

第1図

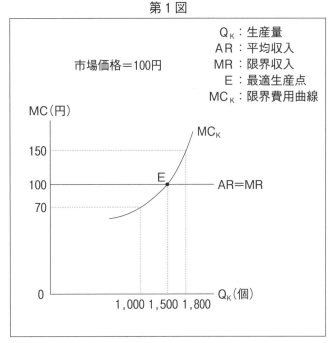

個数	総費用	固定費	変動費	限界費用	総収入	平均収入（限界収入）	限界収入－限界費用	利潤
1,000	87,000	10,000	77,000	70	100,000	100	30	13,000
1,500	120,000	10,000	110,000	100	150,000	100	0	30,000
1,800	165,000	10,000	155,000	150	180,000	100	−50	15,000

問3．下線部(c)に記されているK社の行動から，同社は価格に関してどのような立場にあるといえるか，次のなかから適切なものを一つ選びなさい。
　ア．プライスメイカー（price maker）
　イ．プライスレイカー（price raker）
　ウ．プライステイカー（price taker）

問4．下線部(d)の結果，達成されるK社の最適生産量は何個か，第1図と上表を参照して答えなさい。

問5．問4に関連して，K社が最適生産量を超えて増産した場合，どのようなことが起こるか，次のなかから適切なものを一つ選びなさい。
　ア．すぐに損失が発生する。
　イ．徐々に利潤が減少し，一定の生産量を超えると損失が発生する。
　ウ．徐々に利潤が減少し，限りなくゼロに近づくが，損失が発生することはない。

※文章〔Ⅲ〕とそれに関する問いは，次のページにあります。

〔Ⅲ〕市場価格の変化，市場への新規参入，原材料価格の上昇

　それでは，市場価格が変化した場合にはどうなるだろうか。K社は市場で成立している価格をもとにパンの最適生産量を決定する。そのため，市場価格が上がれば上がるほど，最適生産量を増加させていく。したがって，右の第2図のように限界費用曲線は　①　となり，同社の供給曲線と一致する。つまり，各企業の供給曲線が　①　になるのは，　②　の法則によるのである。

　また，市場への新規参入があると，市場全体の生産規模が増し，供給曲線は　③　にシフトする。しかし，原材料価格が上がると，変動費が上昇し，生産がしにくくなるので，供給は減少し，供給曲線は　④　にシフトする。

第2図

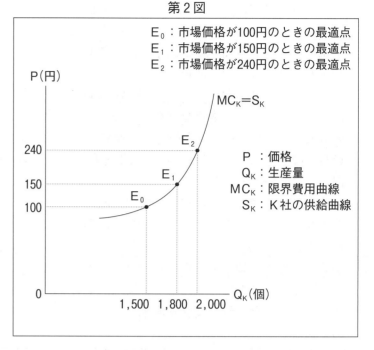

E₀：市場価格が100円のときの最適点
E₁：市場価格が150円のときの最適点
E₂：市場価格が240円のときの最適点

P：価格
Q_K：生産量
MC_K：限界費用曲線
S_K：K社の供給曲線

問6．市場価格が240円になったときのK社の最適生産量は何個か，第2図を参照して答えなさい。

問7．文中の　①　・　③　・　④　にそれぞれ入るものは何か，次のなかから適切な組み合せを一つ選びなさい。ただし，同じ番号の　□　には同じものが入ることとする。
　ア．①右上がり・③左・④右　　　イ．①右上がり・③右・④左
　ウ．①右下がり・③左・④右　　　エ．①右下がり・③右・④左

問8．文中の　②　に入るものは何か，次のなかから適切なものを一つ選びなさい。
　ア．限界費用逓増　　　イ．限界費用一定　　　ウ．限界費用逓減

問9．技術革新は供給にどのような影響を与えるか，次のなかから適切なものを一つ選びなさい。
　ア．技術革新により生産技術が進歩すると，各企業の限界費用が上がり，どの価格に対しても最適な生産量は増加するので，供給曲線は右にシフトする。
　イ．技術革新により生産技術が進歩すると，各企業の限界費用が上がり，どの価格に対しても最適な生産量は減少するので，供給曲線は左にシフトする。
　ウ．技術革新により生産技術が進歩すると，各企業の限界費用が下がり，どの価格に対しても最適な生産量は増加するので，供給曲線は右にシフトする。
　エ．技術革新により生産技術が進歩すると，各企業の限界費用が下がり，どの価格に対しても最適な生産量は減少するので，供給曲線は左にシフトする。

6　次の文章を読み，問いに答えなさい。

　福島県会津地方には，古くから伝わる郷土玩具の一つに，縁起物の「起き上がり小法師」がある。それは何度倒しても起き上がることから，「七転び八起き」の精神を体現しているといわれている。完全競争市場における均衡は，これと似た動きをする。

　右下の図はキャベツの市場であり，競争均衡は需要曲線Dと供給曲線Sが交わる点Eで表される。つまり，市場価格が均衡価格の160円のとき，需要量と供給量が一致し，均衡量は100万トンとなる。それが何かの拍子に，(a)市場価格が160円より低い80円になったりすると①超過需要が発生するが，その後，(b)市場価格を押し上げる圧力がかかり，価格が上昇して超過需要は減っていく。反対に，(c)市場価格が160円より高い280円になったりすると②超過供給が発生するが，その後，(d)市場価格を押し下げる圧力がかかり，価格が下落して超過供給は減っていく。つまり，均衡が崩れると，もとに戻そうとする圧力が働くのである。

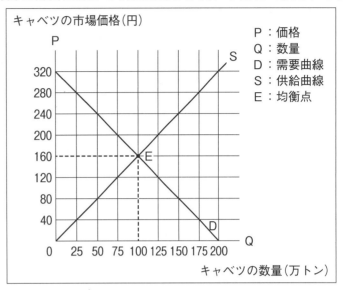

問１．下線部(a)の①は何万トンになるか，上のグラフを参照して答えなさい。

問２．下線部(c)の②は何万トンになるか，上のグラフを参照して答えなさい。

問３．下線部(b)と(d)に記されている「圧力」は，それぞれ農家と消費者がある行動をとることによって生じるが，それはどのようなものか，次のなかから適切な組み合せを一つ選びなさい。
　ア．(b)多くの農家がキャベツの出荷を増やし，多くの消費者がキャベツの消費を増やす。
　　　(d)多くの農家がキャベツの出荷を減らし，多くの消費者がキャベツの消費を減らす。
　イ．(b)多くの農家がキャベツの出荷を減らし，多くの消費者がキャベツの消費を減らす。
　　　(d)多くの農家がキャベツの出荷を増やし，多くの消費者がキャベツの消費を増やす。
　ウ．(b)多くの農家がキャベツの出荷を減らし，多くの消費者がキャベツの消費を増やす。
　　　(d)多くの農家がキャベツの出荷を増やし，多くの消費者がキャベツの消費を減らす。
　エ．(b)多くの農家がキャベツの出荷を増やし，多くの消費者がキャベツの消費を減らす。
　　　(d)多くの農家がキャベツの出荷を減らし，多くの消費者がキャベツの消費を増やす。

第3回模擬

7　次の文章を読み，問いに答えなさい。

　日本の代表的な紙巻きたばこは，2010年10月1日現在，1箱20本入りで410円。その税額は264.4円であり，価格に占める租税の割合は(a)消費税を含めて64.5%になる。この課税には，喫煙を抑制し，国民の健康を増進するとともに，非喫煙者への迷惑料を徴収するという意味合いがある。

　話を単純化するため，後者に限って考えてみよう。駅前が禁煙となっている地域では，自治体の嘱託職員がときどき「禁煙パトロール」を行っている。また，駅前ロータリーの周辺部にはたくさんの吸い殻が散乱していて，毎日これを住民が清掃している。(b)こうした活動には費用（公費）や労力を要するが，たばこを生産するJT（日本たばこ産業株式会社）も，吸い殻のポイ捨てをする喫煙者も決してそれらを負担しようとしない。つまり，こうした費用や労力は市場の内部で処理することができないのである。そのため，生産者と喫煙者から税という形でその費用を強制的に徴収することになる。

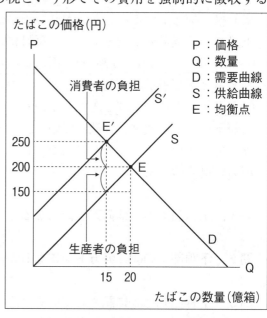

　右の図に示したのは，たばこの市場である。ここでは通常，需要曲線Dと供給曲線Sの交点Eで価格が決まる。しかし，政府は企業に1箱あたり100円の税金を課すとする。すると，限界費用が100円上昇することになり，SがS′へと100円分左上にシフトする。これにより，均衡価格は　①　円から　②　円に上昇し，均衡量は　③　億箱から　④　億箱へと　⑤　億箱減少する。喫煙者は1箱あたり均衡価格の上昇分50円の税金を負担し，その残りを企業が負担する。つまり，企業は1箱あたり　②　円の収入があるが，100円を税として納めるため，実質　⑥　円の収入となる。したがって，課税前と比べて50円を余計に負担したうえ，売上高が　⑤　億箱減少することになる。

　こうして，だれも負担しない費用（労力も含む）は，生産者（企業）と消費者（喫煙者）の双方から(c)たばこ税として回収され，その税収は国や自治体の歳入となって公共の利益に供される。また，喫煙者が減少することで，非喫煙者への迷惑もその分だけ少なくなる。なお，上図において，(d)供給曲線Sは私的限界費用曲線と等しく，課税後の供給曲線S′は社会的限界費用曲線となる。

問1． 下線部(a)と(c)にはどのような共通点があるか，次のなかから適切なものを一つ選びなさい。
　ア．どちらも直接税であり，かつ累進税である。
　イ．どちらも間接税であり，かつ累進税である。
　ウ．どちらも直接税であり，逆進的性格を持っている。
　エ．どちらも間接税であり，逆進的性格を持っている。

問2． 下線部(b)のような状況を何というか，次のなかから適切なものを一つ選びなさい。
　ア．正の外部性（外部経済）　　イ．零（ゼロ）の外部性（外部無経済）　　ウ．負の外部性（外部不経済）

問3． 文中の　①　と　②　にはそれぞれどのような数字が入るか，次のなかから適切な組み合せを一つ選びなさい。ただし，同じ番号の　□　には同じ数字が入ることとする。
　ア．①150・②200　　イ．①150・②250　　ウ．①200・②250　　エ．①200・②300

問4． 文中の　③　と　④　と　⑤　にはそれぞれどのような数字が入るか，答えなさい。ただし，同じ番号の　□　には同じ数字が入ることとする。

問5．文中の　⑥　にはどのような数字が入るか，次のなかから適切なものを一つ選びなさい。
　　ア．150　　イ．200　　ウ．250

問6．下線部(d)の記述からどのようなことがいえるか，次のなかから適切なものを一つ選びなさい。
　　ア．真の生産費用に基づいた供給を表しているのは，外部費用を上乗せしていない供給曲線Sである。
　　イ．真の生産費用に基づいた供給を表しているのは，外部費用を上乗せした供給曲線S′である。
　　ウ．真の生産費用に基づいた供給を表しているのは，外部費用の企業負担分を上乗せした供給曲線なので，それは供給曲線Sと供給曲線S′のちょうど中間に引くことができる。

8　次の文章を読み，問いに答えなさい。
　1973年10月6日，　　　　　が勃発した。これを受けて石油輸出国機構(OPEC)加盟産油国のうち，ペルシア湾岸の6か国が，原油価格を1バレル3.01ドルから5.12ドルへ，さらには11.65ドルへ引き上げることを決定した。これが第一次オイルショックである。
　石油価格の上昇は，1960年代以降エネルギー源を石油に置き換えていた日本の経済を直撃した。(a)当時，わが国では，変動相場制移行直前の短資流入による過剰流動性と「列島改造ブーム」による地価高騰・建設ラッシュにより，すでに急速なインフレーションが発生していたが，これにオイルショックが追い打ちをかける形となった。そのため，1973年から1975年にかけて，物価が急上昇し，「狂乱物価」という造語まで生まれた。
　そして，このインフレーションを抑え込むため，公定歩合の引き上げが行われ，企業の設備投資などを抑制する政策がとられた。その結果，(b)1974年，わが国の経済は－1.2％という戦後初めてのマイナス成長を経験することになった。

問1．文中の　　　　　に入る事件は何か，次のなかから適切なものを一つ選びなさい。
　　ア．第四次中東戦争　　イ．イラン・イラク戦争　　ウ．湾岸戦争

問2．下線部(a)についてどのようなことがいえるか，次のなかから適切なものを一つ選びなさい。
　　ア．ディマンド プル インフレーション(demand pull inflation)が重なる形となった。
　　イ．コスト プッシュ インフレーション(cost push inflation)が重なる形となった。
　　ウ．ディマンド プル インフレーションにコスト プッシュ インフレーションが重なる形となった。
　　エ．コスト プッシュ インフレーションにディマンド プル インフレーションが重なる形となった。

問3．下線部(b)はわが国の経済史上どのような意味を持っているか，次のなかから適切なものを一つ選びなさい。
　　ア．これによって高度経済成長が終焉を迎えた。
　　イ．これによって安定成長が終焉を迎えた。
　　ウ．これによってバブル経済が終焉を迎えた。

次の文章を読み，問いに答えなさい。

　安倍政権の指名を受けて，2013年３月20日，黒田東彦氏が第31代日本銀行総裁に就任した。そして，日銀は，新総裁の下，デフレ脱却に向けて(a)２％のインフレ（物価上昇率２％）目標を掲げ，量的・質的金融緩和の導入を決定した。この金融政策の目標は「資金の量を増やす」ことにあるが，それを測る指標としてはマネタリー　ベースが使われることが多い。日銀は，2012年末から2014年末までの２年間で，これを138兆円から270兆円へ，約２倍に引き上げるとしている。しかも，(b)その方策として，従来の短期国債に加え，３年を超える長期国債や，上場投資信託・不動産投資信託といった比較的リスクの大きい資産の買い増しも検討している。

　ところで，マネタリー　ベースという指標であるが，これは，日銀が金融機関を通じて市場に流す資金の量のことであり，具体的には，世の中に出回っている現金と，民間金融機関が日銀に持っている当座預金口座の残高の合計を指す。つまり，日銀が金融資産を購入すると，その代金がこの当座預金口座に振り込まれるので，マネタリー　ベースが増加する。すると，民間金融機関はその増加分を企業や個人への融資に振り向けることになる。一方，経済活動の基本となる資金が企業や個人にどれだけ行き渡っているかを示す指標にマネー　ストックがある。具体的には，金融機関以外の企業と個人が持つ現金と預金などの合計であるが，日銀の公表するマネー　ストック統計には，(c)Ｍ１，Ｍ２，Ｍ３など，複数の指標が示されている。

　日銀の金融政策のねらいは，(d)マネタリー　ベースを増加させ，信用取引の連鎖によってマネー　ストックをさらにその何倍にも増加させて，経済活動を活性化することにある。しかし，企業の投資意欲や消費者の消費意欲が低ければ，銀行は貸し出しを増やすことができず，マネー　ストックは増加しない。だからこそ，政府は早急に有効な成長戦略を示す必要があり，企業は従業員の給料を上げるとともに，魅力的な商品を開発する必要があるのだ。

問１． 2012年末の消費者物価指数は99.45であった。2014年末までに下線部(a)が達成された場合，2014年末の消費者物価指数はいくつになるか，計算しなさい。

問２． 下線部(b)のような方策を総称して公開市場操作（open market operation）というが，特に，これはそのうちのどれに当たるか，次のなかから適切なものを一つ選びなさい。
　ア．資金需要のためのオペレーション
　イ．資金供給のためのオペレーション
　ウ．資金吸収のためのオペレーション

問３． 問２に関連して，日銀は，下線部(b)の方策において種々の金融資産をどこから購入するか，次のなかから適切なものを一つ選びなさい。
　ア．国債も投資信託も，いずれも市場で購入する。
　イ．国債も投資信託も，いずれも市中銀行から購入する。
　ウ．国債は国（財務省）から購入し，投資信託は市場で購入する。

問４． 下線部(c)はどのようなもので構成されているか，次のなかから適切なものを一つ選びなさい。
　ア．現金通貨＋普通預金＋当座預金
　イ．現金通貨＋国内銀行等に預けられた預金
　ウ．現金通貨＋全預金取扱機関に預けられた預金

問５． 下線部(d)の過程を何というか，漢字２文字を補って正しい用語を完成させなさい。

⑩ 次の一連の文章〔Ⅰ〕と〔Ⅱ〕を読み，それぞれの問いに答えなさい。

〔Ⅰ〕持てる者の悩み

　社会には「持てる者の悩み」というのがある。持てる者というのは「金持ち」のことだが，(a)彼らが財産を現金のまま長期間保有していると，盗難にあったり，実質的に目減りしてしまったりすることがある。そこで銀行に預金しようと考えるのだが，それによって盗難の危険性は避けられるが，今度は銀行の倒産によるペイオフの発動が気になってしまう。しかも，銀行預金の利息は，資金の実質的な目減りに追いつかないことが多い。

　彼らは悩んだ末，それならばいっそのこと，手持ちの資金を投資してみようかと考える。しかし，収益とリスクは資産ごとにさまざまであり，(b)収益性の高いものはリスクが大きく，収益性の低いものはリスクが小さくなるという傾向がある。そこで，「金持ち」は，(c)自分の資金を多様な資産に振り分けて，一定の収益を安定的に獲得しようとする。まず，(d)土地や建物，金(ゴールド)，商品などへの投資を考える。次に内外の(e)株式や債券への投資を考える。そして，さらには(f)外貨預金やFX(foreign exchange：外国為替証拠金取引)のような外国為替への投資を考える。しかし，(g)これらを最適に組み合わせるのはそれほど容易なことではない。なぜならば，資産には上記のように多様な種類があり，さらにそれぞれに極めて多数の個別の物件・銘柄・通貨などがあるからである。そこで，登場したのが投資信託である。

問1．下線部(a)に記されている「目減り」の進行が最も早いのはどのような経済状況のときか，次のなかから適切なものを一つ選びなさい。

　ア．クリーピング インフレーション(creeping inflation)のとき

　イ．ギャロッピング インフレーション(galloping inflation)のとき

　ウ．ハイパー インフレーション(hyper inflation)のとき

問2．下線部(b)に記されている傾向は一般的にどのように表現されているか，次のなかから適切なものを一つ選びなさい。

　ア．ハイ リスク ハイ リターン，ロー リスク ロー リターン

　イ．ビッグ リスク ハイ リターン，スモール リスク ロー リターン

　ウ．ビッグ リスク ビッグ リターン，スモール リスク スモール リターン

問3．下線部(c)を目的として下線部(g)を行おうとすることを何というか，カタカナ7文字を補って正しい用語を完成させなさい。

問4．下線部(d)のような投資対象を現物資産または実物資産というが，これに対して下線部(e)や(f)のような投資対象を何というか，正しい用語で答えなさい。

> ※文章〔Ⅱ〕とそれに関する問いは，次のページ以降にあります。

〔Ⅱ〕持たざる者の悩みなし

　投資信託には，金銭投資信託，証券投資信託，債券投資信託，(h)①上場投資信託，②不動産投資信託などの種類があり，それぞれ金融仲介機関のファンドマネージャー(投資のプロ)たちが，一定の方針のもと，特定分野の複数の対象に分散投資を行って，その債権を小分けにし，証券化して販売している。具体的なものを示せば，金銭投資信託には，住宅ローンや自動車ローン，ショッピング ローンといった身近な債権に投資するものがあり，証券投資信託や上場投資信託には，(i)その値動きがTOPIX(Tokyo Stock Price Index：東証株価指数)などと連動するよう国内の株式に投資するものがあり，また，債券投資信託には，高収益を期待して新興国の高利回りの国債や債券に投資するものがある。そして，不動産投資信託には，オフィスビル・商業施設・物流施設・住居施設・ホテルなどのうち，いずれかのカテゴリーだけに投資する特化型，複数に投資する複合型，すべてに投資する総合型がある。

　要するに，投資信託とは，いくつかの債権が組み合わされて証券化されたパック商品であり，投資家は銀行や証券会社などの窓口で説明を聴き，目論見書（もくろみしょ）を検討して，自らの判断でそれを購入することになる。このような投資信託は，一時期，わが国でも人気を集めたが，(j)2008年に起こった世界的な金融危機の影響で人気が落ち，現在もその心理的な影響が尾を引いている。すなわち，この金融危機は，アメリカで証券化されたサブプライム ローンと呼ばれる高リスクの住宅債権が暴落し，それによって同国の大手投資銀行の一つが破綻したことが引き金となったのであるが，それを目の当たりにした多くの投資家が証券の中身に疑念を抱くようになってしまったのである。もちろん，その背景には(k)資産の選択において安全性を重視する日本人の投資観があることも否定できない。

　このような話は経済の問題としてはとても興味深いことであるが，少なくても私にとっては直接的なかかわり合いはない。つまり，「持たざる者の悩みなし」ということである。

問5．下線部(h)の①と②はそれぞれ一般的に何と呼ばれているか，次のなかから適切な組み合せを一つ選びなさい。
　ア．①SRI(エスアールアイ：socially responsibility investment)・②ETF
　イ．①ETF(イーティーエフ：exchange traded fund)・②REIT
　ウ．①REIT(リート：real estate investment trust)・②SRI

問6．下線部(i)のような証券投資信託を何というか，次のなかから適切なものを一つ選びなさい。
　ア．エコ ファンド(eco-fund)
　イ．ヘッジ ファンド(hedge fund)
　ウ．インデックス ファンド(index fund)

問7．下線部(j)は一般的に何と呼ばれているか，直後の記述を参考にして次のなかから適切なものを一つ選びなさい。
　ア．ニクソン ショック　　イ．リーマン ショック　　ウ．キプロス ショック

問8. 日本の家計の資産構成は現在どのようになっているか，下線部(k)を参考にして次のなかから適切なものを一つ選びなさい。

ア．アメリカやユーロ圏と比べると，保険・年金準備金の割合は大差ないが，現金・預金の割合がかなり高く，反対に株式や投資信託などの割合が低くなっている。

イ．アメリカやユーロ圏と比べると，保険・年金準備金の割合は大差ないが，株式の割合がかなり高く，反対に現金・預金や投資信託などの割合が低くなっている。

ウ．アメリカやユーロ圏と比べると，保険・年金準備金の割合は大差ないが，投資信託の割合がかなり高く，反対に現金・預金や株式などの割合が低くなっている。

問9. 本文に記されている投資信託の取引は，どのような金融に分類されるか，次のなかから適切なものを一つ選びなさい。

ア．直接金融　　イ．市場型直接金融
ウ．間接金融　　エ．市場型間接金融

第36回（令和3年度）
商業経済検定試験問題
〔ビジネス経済A〕

解答上の注意

1．この問題のページはp.72からp.85までです。

2．解答はすべて別紙解答用紙（p.109）に記入しなさい。

3．文字または数字で記入するもの以外はすべて記号で答えなさい。

4．計算用具などの持ち込みはできません。

5．制限時間は60分です。

※　試験終了後，問題用紙も回収します。

1 次の文章を読み，問いに答えなさい。

　2020年から新型コロナウイルス感染症の影響で，私たちの生活にはマスクが必要不可欠になった。マスクをはじめとする財は，経済主体によって生産や消費といった経済活動に利用されている。

　(a)限られた財をどのように配分するかを決める社会的なしくみには，さまざまな方法がある。海外では，国民健康保険証を利用して1人2枚のマスクを，誰もが週に一度確実に購入できるようなしくみを作った例もある。

　わが国では，市場による経済活動により，マスクをはじめとする多くの財が取引されている。財の取引方法には，朝早くから並んで財を手に入れる方法もあれば，(b)購入の意思表示をした買い手のうち，最も高い価格をつけた人が財を手に入れることができる方法もある。後者の取引方法は，限られた財を効率的に活用するために，市場が自由競争による配分を行っているのであり，有効な(c)市場メカニズムの一つである。

　ところがマスクに関しては，2020年3月10日に「国民生活安定緊急措置法施行令の一部を改正する政令」が閣議決定され，転売が規制された。この結果，同年8月29日にマスクの国内生産や輸入の増加が確認されて，この転売規制が解除されるまでは，総合スーパーやドラッグストア，インターネットによる通信販売などでマスクを購入し，(d)購入価格を超える価格で転売を行った場合，処罰の対象となることになった。

　新型コロナウイルス感染症は2021年も猛威を振るっていた。ウィズコロナという言葉があるように，私たちのこれからの生活はコロナと共に暮らしていくことを余儀なくされている。

問1．下線部(a)を何というか，9文字で正しい用語を記入しなさい。

問2．下線部(b)のような取引方法を何というか，次のなかから適切なものを一つ選びなさい。
　ア．抽選　　イ．オークション　　ウ．先着順

問3．下線部(c)の説明として，次のなかから適切なものを一つ選びなさい。
　ア．財に価格をつけ，買い手と売り手の希望が一致するところで財の配分を実行するしくみ
　イ．買い手に優先順位をつけ，優先順位が高い順に希望する財の配分を実行するしくみ
　ウ．自分が不要になった財を，無料で引き取ってくれる希望者へ財の配分を実行するしくみ

問4．本文の主旨から，下線部(d)の理由として，次のなかから最も適切なものを一つ選びなさい。
　ア．本来，政府は効率的な資源配分を実現させる市場における自由競争を保証しているが，高額転売が横行することで，これ以上市場が活性化し過ぎては困ると判断したから。
　イ．本来，政府は効率的な資源配分を実現させる市場における自由競争を保証しているが，高額転売が横行することで，マスクを海外に転売されてしまうと判断したから。
　ウ．本来，政府は効率的な資源配分を実現させる市場における自由競争を保証しているが，高額転売が横行することで，国民の安全な生活が確保できないと判断したから。

② 次の文章を読み，問いに答えなさい。

　現代の市場経済の特色は，サービス化・情報化・国際化という三つのキーワードがあげられる。ここではわが国の金融市場を例に，それぞれの特色について考えてみる。

　一つ目のサービス化の例は，金融市場において保険会社が販売する(a)保険のリスク配分機能があげられる。リスクとは，ある日偶然，事故にあってけがをしたり，急に病気になったりするというような，まだ起きていないが危険にあう可能性や，困難に見舞われる可能性があることをいう。保険はこのような経済的損失の可能性というリスクを保険料と引き換えに低減させるサービスと考えられる。

　二つ目の情報化の例は，銀行の業務にみることができる。銀行の窓口は，法律により15時で閉店することが原則になっているが，現在ではコンビニエンスストアにもＡＴＭが設置されたことにより，24時間いつでも預金が引き出せるようになった。この他にも，(b)ＩＣＴの発達にともなう情報化により，銀行の利用者にとって便利になったことも多い。

　三つ目の国際化の例は，1990年代まで時代をさかのぼる。それまでは，業界のなかで力の弱い金融機関に合わせて規制を作ることで多くの銀行を守る，護送船団方式と呼ばれる方法が用いられてきたが，(c)1990年代なかばからわが国で実施された大規模な金融制度改革により，銀行・保険会社・証券会社のそれぞれの分野において新規企業の参入が促進されるようになった。

　世界に目を向けると，電子データのみでやりとりされる仮想通貨(暗号資産)の取引も活発化している。変化の激しい現代の市場経済のなかで，これからも金融市場は，サービス化・情報化・国際化のもと，ますます便利になっていくことだろう。

問１．下線部(a)の説明として，次のなかから適切なものを一つ選びなさい。
　ア．保険は，加入者が保険料を支払うことにより，保険会社の社員が病気やけがで入院したときに，保険会社が入院費や治療費などの経済的損失を負担してくれる機能がある。
　イ．保険は，加入者が保険料を支払うことにより，加入者が病気やけがで入院したときに，保険会社が入院費や治療費などの経済的損失を負担してくれる機能がある。
　ウ．保険は，加入者が保険料を支払うことなく，加入者が病気やけがで入院したときに，保険会社が入院費や治療費などの経済的損失を負担してくれる機能がある。

問２．下線部(b)の具体例として，次のなかから最も適切なものを一つ選びなさい。
　ア．専用のアプリを利用することで，銀行の窓口に行かなくても24時間いつでも口座開設の申し込みができるようになった。
　イ．給料日が25日の会社が多いという昔からの慣習から，前日の24日は比較的待ち時間が少なく利用できるようになった。
　ウ．新規の口座開設時は紙の通帳発行は有料になったが，通帳記帳をしておくことで，24時間いつでも残高が確認できるようになった。

問３．下線部(c)を何というか，７文字で正しい用語を記入しなさい。

— 73 —

③ 次の文章を読み，問いに答えなさい。

　価格と需要との関係は，価格が下がると需要量は増え，価格が上がると需要量が減るといった，負の相関関係が成り立つ。ここではりんごの市場を例に需要量の変化についてみてみる。

　下図は，りんご市場の需要曲線である。需要曲線Dはりんご1個の価格が150円のときに需要量が10個，価格が100円に値下がりした場合，需要量が25個になることをあらわしている。

　ところで，(a)下図の需要曲線D'は，需要曲線Dに対して，右にシフトしている。これは需要者の消費可能な予算額が増えると，財の価格が同じであっても需要量が多くなることを示している。また，財の価格以外にも需要量の増減に影響を与える要素があり，その影響により，需要曲線は変化する。テレビ番組でりんごの効能が取り上げられると，りんごに対する好みが増し，需要量が増えることも一例としてあげられる。

　しかし，りんごに限ったことではないが，ある特定の財を消費する際には，その(b)消費量が増えれば増えるほど，新たに追加して消費した1個の財から得られる「満足度の増加分」が小さくなっていく法則もある。

　ここではりんごだけで考えているが，食後のデザートに果物を食べたいと考えたとき，りんごの代わりにぶどうやみかんを選ぶように，(c)たがいに代わりになるような関係にある財は，世の中にはたくさんある。

　経済学の世界では一つの財について考えるが，現実の世界にはさまざまな財がある。価格と需要の関係には，季節や好みという要素も複雑に影響を与えているのである。

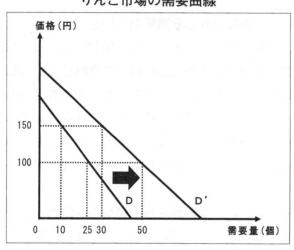

りんご市場の需要曲線

問1．本文の主旨から，下線部(a)の要因として，次のなかから最も適切なものを一つ選びなさい。
　ア．財に対する有益な情報を入手したことで，需要者の財に対する選好が増加した。
　イ．需要者の所得が減少したことで，財に対する消費可能な予算額が減少した。
　ウ．生産される財の量が減少したことで，需要者が購入できる財の量が減少した。

問2．下線部(b)を何というか，漢字6文字を補って正しい用語を完成させなさい。

問3．下線部(c)のような財を何というか，次のなかから正しいものを一つ選びなさい。
　ア．劣等財　　イ．代替財　　ウ．補完財

4 次の文章を読み，問いに答えなさい。

2020年は，新型コロナウイルス感染症の影響で非常事態宣言が発出され，外食産業の多くは営業時間の短縮や休業を余儀なくされるなか，経営努力を続けていた。

一般的に企業は財を生産し，販売して収入を得ている。私たちはその財を購入して消費しているのだが，財の生産には費用がかかる。企業はこの一連の経済活動のなかから利潤をうみだしている。

レストランのA店は，外出制限で来客が少なくなり店内での飲食客が減ったため，新たに弁当を販売することにした。(a)A店は弁当を生産するために，回収が不要な弁当の容器を新たに購入する必要があった。ここで，弁当を生産する際の費用を考えると，生産量に応じて増減する変動費と，生産量にかかわらず変化しない固定費の二つで構成されている。

弁当の市場を考えたときに，弁当を扱う企業はたくさん存在するため，それぞれの企業の生産量が市場全体の生産量に占める割合はわずかであり，市場で決定される価格に影響を及ぼすことはできないと考えられた。A店は(b)市場から与えられた価格を純粋に受け入れる存在だった。

A店は来客の減少による収入減を補うために弁当の販売を行い，売れ残りや売り逃しによる食材のロスを減らすことで，A店の(c)収入と費用の差が最大になるように生産量を決定している。

弁当の配達を外部に業務委託することで労働費を削減できたことも，A店が弁当の販売に踏み切った一因である。このように世の中の困りごとに対して，それを解決するためのサービスが新たにうまれることで経済は回っているのである。企業はさまざまな形で存続発展への経営努力を続けているのである。

問1．下線部(a)に記された弁当の容器にかかる費用はどの項目に含まれるか，次のなかから適切なものを一つ選びなさい。
ア．変動費　　イ．固定費　　ウ．労働費

問2．下線部(b)を何というか，次のなかから適切なものを一つ選びなさい。
ア．プライスメイカー　　イ．プライスリーダー　　ウ．プライステイカー

問3．下線部(c)を何というか，次のなかから適切なものを一つ選びなさい。
ア．限界収入　　イ．最適生産　　ウ．限界費用逓増の法則

問4．本文の主旨から，A店はどのような経営努力を行っているか，次のなかから適切なものを一つ選びなさい。
ア．A店は利用客に割引クーポンを配布し，それを利用してもらうことでリピーターを増やす工夫をして利潤を増やそうとしている。
イ．A店は弁当を配達する業務を開始し，他のレストランからも配達の業務委託を受け付ける工夫をして利潤を増やそうとしている。
ウ．A店は弁当を生産し，それを販売することで収入を増やし，食材の廃棄ロスを減らす工夫をして利潤を増やそうとしている。

次の文章を読み，問いに答えなさい。

　地球温暖化の影響で，異常気象による自然災害が毎年のように発生するなか，農作物の安定供給は難しい。ここでは，農作物の需要と供給の関係から価格決定のしくみについて考えてみる。

　天候不順で農作物の生育が悪く不作になったり，病害虫被害に見舞われたりすると，予定していた収穫量を下回ってしまうために，農作物は(a)需要量に対して供給量が少ない状態になる。このような品不足のときは，価格が上昇していくが，他の生産地からの供給を見込めない農作物の場合は，(b)短期的にみると供給の価格弾力性はゼロになると考えられる。その一方で好天に恵まれて豊作になると，需要量よりも供給量が大幅に増える。農作物のなかでも保存のきかない農作物の場合は，一度に大量に供給することで販売価格が下落し，結果的に赤字になってしまう。このような場合には，(c)生産者は作った農作物を出荷せずに廃棄してしまうことがある。

　わが国では自然と向き合う第一次産業は高齢化が進み，生産者数やその割合が減少している。若者の就農を支援する国の施策や，法人化して農業を行う企業が増えることで，農業人口の減少に歯止めをかけようとしており，その一方で(d)農作物を生産する企業は天候不順による不作に対して農作物の持続可能な安定供給のためにさまざまな取り組みを行っている。

　人口増加が続く地球上で，食物は限りある資源である。私たちが消費者としてできることは，何だろうか。例えば，食品廃棄を減らす，地産地消や旬の味覚をおいしくいただくことなどは，誰もが手軽に取り組めることである。私たち一人ひとりの行動が，結果的に農作物の価格維持につながっていくのである。

問1．下線部(a)のような状態を何というか，次のなかから適切なものを一つ選びなさい。
　ア．超過利潤　　イ．超過需要　　ウ．超過供給

問2．本文の主旨から，下線部(b)はどのような状態と考えられるか，次のなかから適切なものを一つ選びなさい。
　ア．価格が高騰しても，すぐには新たな農作物が供給されない状態
　イ．価格が高騰したときに，すぐに新たな農作物が供給される状態
　ウ．価格が高騰しても，安定して新たな農作物が供給される状態

問3．本文の主旨から，下線部(c)の理由として，次のなかから最も適切なものを一つ選びなさい。
　ア．収穫を遅らせたことで，農作物が育ちすぎてしまい箱に入らなくなるため
　イ．害獣によって農作物が食い荒らされることにより，廃棄せざるをえなくなるため
　ウ．収穫して販売することで得られる収入よりも，出荷までにかかる費用の方が高くなるため

問4．下線部(d)の具体例として，次のなかから最も適切なものを一つ選びなさい。
　ア．Ａ社は，熱帯雨林の森林を伐採して新たな畑を開墾し，焼き畑農業を行うことで農産物を生産，収穫している。
　イ．Ｂ社は，昆虫を食用にするための研究を行っており，将来の人口増加に備えて，昆虫食を広める活動を行っている。
　ウ．Ｃ社は，廃校になった小学校の体育館に屋内で野菜を育てられる人工光型植物工場を開設し，葉物野菜を生産，販売している。

6 次の文章を読み，問いに答えなさい。

　国連が提唱するＳＤＧｓ（持続可能な開発目標）の考えは，2021年夏に１年遅れで開催された東京2020オリンピック・パラリンピック競技大会においても，さまざまなところで実践されていた。これらの大会で選手に授与された約5,000個の金・銀・銅メダルは，全国各地で回収された使用済み携帯電話やスマートフォン，小型家電などから抽出したリサイクル金属でつくられていたこともその一つである。

　ところでスマートフォンは，各企業によって次々と新機種が開発されている。わが国のスマートフォンの市場は，(a)10数社の企業が存在する市場であり，市場に財を供給する企業が少数に限られる不完全競争の状態である。機種変更に伴い使われなくなった携帯電話やスマートフォンなどから最終的に金約32kg，銀約3,500kg，銅約2,200kgを回収し，これらが今大会のメダルに使われたのである。

　スマートフォンの周辺機器も年々増えてきている。スマートフォンを製造販売しているＡ社は，2015年にスマートフォンと連携して電話やメールができる腕時計型携帯情報端末を開発した。さらに(b)新しい技術の開発に取り組み，独創的で品質の良い製品を生産する技術の開発により，2020年に発売された機種では，搭載されたセンサーによって心電図や血中酸素濃度をリアルタイムに測定してくれる機能が追加された。

　Ａ社のスマートフォンは他企業の機種と比べて高価格であるが，わが国では40％を超える利用者がおり，人気が高い。これは，(c)差別化競争の戦略をとっていることも理由の一つに考えられる。

　東京2020オリンピック・パラリンピック競技大会では，表彰台もリサイクルプラスチックを利用しており，24.5トンの素材を集め，最先端の３Ｄプリンターの技術を活用してつくられている。また，競技会場や選手村で使う電力を再生可能エネルギーでまかなうことにしたり，二酸化炭素を排出しない燃料電池車など次世代自動車も導入したりと，ＳＤＧｓの実現に向けて多くの取り組みが行われた。東京2020オリンピック・パラリンピック競技大会を契機にして，私たちはこれからの持続可能な生活を考えていくことが求められている。

問１．下線部(a)のような市場を何というか，次のなかから正しいものを一つ選びなさい。
　　ア．独占市場　　　イ．寡占市場　　　ウ．完全競争市場

問２．下線部(b)を何というか，次のなかから適切なものを一つ選びなさい。
　　ア．イノベーション　　　イ．モチベーション　　　ウ．オペレーション

問３．下線部(c)の説明として，次のなかから適切なものを一つ選びなさい。
　　ア．自由競争が過熱し，企業が正常な利潤を得ることができないか，損失をこうむるほどの過度な企業間競争のこと。
　　イ．差別化されていない財の市場において，価格を下げることによって優位性を発揮しようとする企業間競争のこと。
　　ウ．差別化されている財の市場において，価格以外の点で競争の優位性を発揮しようとする企業間競争のこと。

次の文章を読み，問いに答えなさい。

　私たちの暮らしはインターネットの進歩により，いつでも買い物が楽しめるようになった。ここでは，店頭販売とインターネットによる通信販売を比較しながら，便利さについて考えてみる。

　店頭販売では財を手に取ってその情報を確認することができる。しかし，インターネットでは，(a)売り手は財のすべての情報を把握しているが，買い手はその一部分しか知ることができない状態がある。その結果，買い手は自分が注文したものと違うものが届いたと感じてしまうことがある。買い手はこれを理解して，販売されている財の平均的な価値を予想し，財の価格がその価値以下のものしか買わなくなる。これが繰り返されると(b)売り手も財の平均的な価値以下のものしか販売しなくなり，やがて質の高い財が通信販売の市場からは排除されてしまうことになる。

　このように販売価格から店頭販売と通信販売で取扱商品に違いが生じる問題に対して，家電量販店のＡ社は在庫管理情報をリアルタイムに一元管理するシステムを構築し，店頭販売でも通信販売でも同じ商品を取り扱い，店頭での価格と通信販売での価格を同一にして，インターネット通信販売事業を開始した。

　顧客はＡ社で購入する際は店頭販売でも通信販売でも同一価格で購入できるだけでなく，購入を希望してインターネットで検索した財を，その場で注文し，自宅に配送してもらうことも，出かけたついでに店頭で受け取ることも選べるようになった。このようなしくみをオムニチャネルという。(c)Ａ社はこのような取り組みにより，顧客に対して「便利さ」を提供しているのである。

　Ａ社のような取り組みがある一方で，どの市場においても買い手は完全に売り手と同じ情報を得ることはできない。場合によっては，購入した商品に対する正しい情報を知らずに消費して，事故が発生することもある。そのような不便さに対応するため(d)政府は，2009年に消費者が安心して豊かに暮らすことができる社会を実現するため，新たに行政機関を設立した。

　情報通信技術の発達により，私たちの生活はより便利になっていくだろうが，インターネットによる詐欺やトラブルなどの被害にあわないような情報リテラシーも私たちには求められている。

問１．下線部(a)を何というか，漢字を補って正しい用語を完成させなさい。

問２．下線部(b)のようなことを何というか，次のなかから適切なものを一つ選びなさい。
　　ア．アドバース-セレクション　　イ．完全情報　　ウ．ゲーム理論

問３．本文の主旨から，下線部(c)の内容として，次のなかから最も適切なものを一つ選びなさい。
　　ア．顧客が欲しいと思ったときに，店頭にないものはインターネットを用いて似たような財を探し出して提案することで，顧客が探す手間を省く，という便利さを提供している。
　　イ．顧客が欲しいと思ったときに，インターネットで検索することで一番安い価格を調べることができ，最安値の店舗で購入することができる，という便利さを提供している。
　　ウ．顧客が欲しいと思ったときに，インターネットですぐに注文でき，注文した財を店頭で受け取ることも，自宅に配送してもらうことも選べる，という便利さを提供している。

問４．下線部(d)に記された行政機関として，次のなかから適切なものを一つ選びなさい。
　　ア．警察庁　　イ．消費者庁　　ウ．デジタル庁

8 次の文章を読み，問いに答えなさい。

　マクロ経済の活発さを表す指標には，ＧＤＰ（国内総生産）やＧＮＰ（国民総生産）などがある。ここでは，マクロ経済の代表的な指標であるＧＤＰについてみてみる。

　例えば，パソコンメーカーがパソコンを生産する場合は，ほかの企業によって生産された半導体や液晶画面などの中間生産物が利用されている。完成したパソコンの価値には，これらの中間生産物の価値が含まれているため，パソコンメーカーと半導体メーカーの生産額を単純に合計すると，パソコンの生産に使われた半導体の価値は二重に加算されることになる。そのため，ＧＤＰはある一定期間に国内でうみ出された付加価値の合計であると定義されている。付加価値とは，生産額から(a)生産に必要となった中間生産物の購入額をさし引いたものである。

　ここでは，小麦農家，製粉業者，製パン業者が存在する国で，これらの生産活動がすべて国内で行われると想定して考えてみる。小麦農家が中間生産物を使うことなく50円の小麦を生産し，製粉業者は50円分の小麦を購入して，100円分の小麦粉を生産する。さらに，製パン業者が100円の小麦粉を購入して200円のパンを生産したとする。小麦農家，製粉業者，製パン業者のそれぞれの付加価値を計算することができる。(b)このとき，製パン業者がうみ出した付加価値も計算した結果わかる。そして，ＧＤＰが各生産者の付加価値の合計であり，最終生産物であるパンの生産額と同じになることが理解できる。

　ＧＤＰは，一国の生産力をはかるものであるが，それを豊かさの指標とみることには注意が必要である。ＧＤＰの基礎となる付加価値は市場の価格に基づいて計算されるため，(c)市場で適正な価格がつかないような財の価値は，ＧＤＰに正しく反映されない。

　このようなＧＤＰの限界は以前から指摘されている。しかし，観測が難しいものを指標化することは困難である。そのため，一国の生産力の指標として，ＧＤＰより優れていると広く認められたものは，現時点では存在しない。

問1．下線部(a)を何というか，次のなかから適切なものを一つ選びなさい。
　ア．固定資本　　イ．購買力平価　　ウ．中間費用

問2．本文の主旨から，下線部(b)の値として，次のなかから正しいものを一つ選びなさい。
　ア．100円　　イ．200円　　ウ．350円

問3．下線部(c)の具体例として，次のなかから適切なものを一つ選びなさい。
　ア．介護サービス会社の提供する食事や入浴の介助などの介護労働
　イ．家族が行う部屋の掃除や買い物などの家事労働
　ウ．家事代行業者の提供する料理や洗濯などの家事労働

次の文章を読み，問いに答えなさい。

　消費者物価指数（ＣＰＩ）は，家庭で消費するモノやサービスの値動きを示す経済指標で，景気の良し悪しを映し出すものとして「経済の体温計」ともいわれている。

　総務省は，2021年７月に消費者物価指数の基準を改定し計算方法を５年ぶりに見直すと同時に，調査品目の入れ替えを行った。例えば，高齢者用おむつやカット野菜などが追加され，固定電話や辞書などが対象から外れた。この入れ替えでは，５年前と比較して(a)消費量が増えた品目を加え，(b)消費量が減った品目を除くというように人々の消費行動の変化が反映されている。

　消費者物価指数は，(c)基準バスケットを決めておき，基準年とほかの年の基準バスケットの購入費用を比較して物価変動を示すものである。基準バスケットの価格からＴ年（基準年）とＴ＋１年（比較年）の消費者物価指数を求めることができる。そして，物価上昇率（インフレ率）は，物価指数が１年間にどれだけ変化したかを表す割合を示したものである。消費者物価指数を求めた後に，(d)Ｔ年からＴ＋１年にかけての物価上昇率を一定の式によって求めることができる。

　このようにして物価上昇率を求めることによって，(e)物価上昇率の値が持続的にプラスであるか，あるいはマイナスであるかをみることによって経済状況を判断することができる。物価変動をみることで，その時々の経済状況がインフレ（インフレーション）であるのか，デフレ（デフレーション）であるのかを分析して参考にすることが景気の判断には必要である。

問１．本文の主旨から，下線部(a)と下線部(b)の組み合わせとして，次のなかから適切なものを一つ選びなさい。

　ア．(a)配達の牛乳　　　　(b)配達のピザ

　イ．(a)タブレット端末　　(b)ビデオカメラ

　ウ．(a)ＣＤプレーヤー　　(b)ドライブレコーダー

問２．下線部(c)の説明として，次のなかから適切なものを一つ選びなさい。

　ア．基準年における一般的な企業が購入する消費財のリスト

　イ．基準年における一般的な消費者が購入する消費財のリスト

　ウ．基準年における政府が購入する消費財のリスト

問３．本文の主旨から，下線部(d)を求める式として，次のなかから正しいものを一つ選びなさい。

　ア．$\dfrac{（Ｔ年の消費者物価指数）-（Ｔ＋１年の消費者物価指数）}{Ｔ年の消費者物価指数} \times 100（\%）$

　イ．$\dfrac{（Ｔ＋１年の消費者物価指数）-（Ｔ年の消費者物価指数）}{Ｔ＋１年の消費者物価指数} \times 100（\%）$

　ウ．$\dfrac{（Ｔ＋１年の消費者物価指数）-（Ｔ年の消費者物価指数）}{Ｔ年の消費者物価指数} \times 100（\%）$

問４．下線部(e)の内容として，次のなかから適切なものを一つ選びなさい。

　ア．物価上昇率がプラスであればインフレ，マイナスであればデフレの傾向であると判断できる。

　イ．物価上昇率がプラスであればデフレ，マイナスであればインフレの傾向であると判断できる。

　ウ．物価上昇率がプラスであってもマイナスであっても，インフレの傾向であると判断できる。

10 次の文章を読み，問いに答えなさい。

　わが国の政府は，一定の期間ごとにさまざまな経済統計を発表している。経済活動の活発さの指標としてＧＤＰ（国内総生産）をみるためには，物価変動による影響を取り除く必要がある。この調整を行ったＧＤＰを実質ＧＤＰ，調整を行う前のＧＤＰを名目ＧＤＰという。

　ここでは，下図の例を参考にこれらの指標についてみてみる。2018年を基準年，2019年を当該年と定めると，(a)2019年の名目ＧＤＰを求めることができる。次に，物価変動を取り除くことによって，(b)2019年の実質ＧＤＰを求めると下図のようになる。

　そして，(c)経済成長率を求める。経済成長率は，名目ＧＤＰを扱うのか，実質ＧＤＰを扱うのか，ＧＤＰデフレーターを扱うのか注意が必要である。最後に，ＧＤＰデフレーターを求める。ＧＤＰデフレーターは物価を表しているので，基準年を100として，(d)2019年のＧＤＰデフレーターを求めると下図のようになる。

　これらの指数を求めるにあたり，ただ求め方を覚えるのではなく，実質ＧＤＰと名目ＧＤＰ，ＧＤＰデフレーターの関係を理解することが重要であり，経済の本質をとらえることにもつながる。

名目ＧＤＰと実質ＧＤＰの算出

	2018年（基準年）		2019年（当該年）	
	価格	生産量	価格	生産量
農業製品	100	10	110	11
工業製品	200	5	220	5
名目ＧＤＰ	100×10 +200×5 ＝2,000			
実質ＧＤＰ	100×10 +200×5 ＝2,000		2,100	
経済成長率	5 ％			
ＧＤＰデフレーター	100		110	

問1．下線部(a)および図中の□□に当てはまる値として，次のなかから正しいものを一つ選びなさい。

　　ア．2,000　　イ．2,100　　ウ．2,310

問2．下線部(b)を求める場合に必要な条件として，次のなかから適切なものを一つ選びなさい。

　　ア．価格は基準年である2018年のものを用いる。

　　イ．価格は当該年である2019年のものを用いる。

　　ウ．価格は基準年である2018年と当該年である2019年の平均を用いる。

問3．本文の主旨から，下線部(c)の内容として，次のなかから正しいものを一つ選びなさい。

　　ア．名目ＧＤＰの増加率　　イ．実質ＧＤＰの増加率　　ウ．ＧＤＰデフレーターの増加率

問4．下線部(d)を求める式として，次のなかから正しいものを一つ選びなさい。

　　ア．$\dfrac{2019年の名目ＧＤＰ}{2019年の実質ＧＤＰ} \times 100$　　イ．$\dfrac{2019年の実質ＧＤＰ}{2019年の名目ＧＤＰ} \times 100$　　ウ．$\dfrac{2019年の名目ＧＤＰ}{2018年の実質ＧＤＰ} \times 100$

次の文章を読み，問いに答えなさい。

わが国の政府は，第2次安倍政権が始まった2012年12月から続いた景気拡大局面が2018年10月に終わり，翌月から後退局面に入ったと2020年7月に認定した。景気拡大は71か月間で途切れ，戦後最長のいざなみ景気の73か月間には届かなかった。

ここでは，企業活動やわたしたちの生活に大きな影響を与える景気変動についてみてみる。実質GDPをはじめとしたマクロ経済の指標は，ゆるやかな上昇トレンドのなかで，谷→拡張期→山→後退期→谷という上下変動を繰り返している。このような動きを景気循環という。

わが国の政府は，経済が景気循環のどの局面にいるかを示すため景気動向指数という指標を公表している。景気動向指数には，ＤＩ（デフュージョン-インデックス）とＣＩ（コンポジット-インデックス）の二つのタイプがある。(a)ＤＩは，拡張していると思われる指標の割合を示しており，一定の割合以上であれば経済は拡張局面であると判断することができる。ＣＩは，採用した経済指標の動きの移動平均値を計算したものであり，上昇傾向にあれば景気は拡張局面であると判断することができる。そして，ＤＩとＣＩには，(b)先行指数，一致指数，遅行指数の3種類がある。これらの指数から景気の動向をうかがい知ることができる。

また，(c)わが国の政府は，景気循環においていつ谷や山をむかえたかという日付を公表している。一つの谷から次の谷までが一つの景気循環であり，わが国の経済は1951年から2012年までに15回の景気循環を経験している。ただし，近年では循環が長期化する傾向がみられ，山や谷のタイミングがわかりにくくなっている。

景気を表す指標としては，これらのほかにも(d)短観がある。短観は，全国の主要な企業に対して行うアンケート調査に基づいて作成される。

以上のように，さまざまな経済指標があるが，そのような指標を適切に読み取ることで経済状況を正確に把握することが重要である。

問1．下線部(a)に記された一定の割合とは何％か，次のなかから適切なものを一つ選びなさい。
　ア．30％　　イ．40％　　ウ．50％

問2．下線部(b)の説明として，次のなかから適切なものを一つ選びなさい。
　ア．将来の景気動向を示す指数
　イ．過去の景気動向を示す指数
　ウ．現在の景気動向を示す指数

問3．下線部(c)に記された日付を何というか，漢字4文字を補って正しい用語を完成させなさい。

問4．下線部(d)を作成している機関はどこか，次のなかから正しいものを一つ選びなさい。
　ア．内閣府　　イ．日本銀行　　ウ．経済産業省

12 次の文章を読み，問いに答えなさい。

　ここでは，わが国の予算の一つである一般会計について，歳出のなかで最も割合が大きい項目である社会保障費をみてみる。

　社会保障費の7割は，(a)病気・老齢・障がい・失業などの困難に直面した人を支援する保険の歳出が占めている。このことは，1961年に国民皆保険，国民皆年金の制度が実現し，国民全員が公的医療保険と公的年金制度に加入することが義務づけられたことも関係している。公的医療保険は，高齢化と医療技術の高度化が進むなかで，その給付額が年々増加しており，財政を圧迫する要因となっている。2000年からは介護を必要とする人々を支援するための介護保険が導入された。

　また，(b)公的年金制度は，かつて業種ごとにさまざまな制度が並立していたが，1986年よりその基礎的な部分が統一された。すべての国民は基礎的な年金として国民年金に加入することになっている。国民年金に上乗せされるものとして，厚生年金，共済年金，企業年金などが存在する。公的年金制度についても，高齢化の進展にともない収支の悪化が予想されており，改革が進められている。

　そして，公的医療保険や公的年金などの社会保障負担は，税とはみなされていないが，税に似た性質がある。そこで，国税と地方税に社会保障負担を加えたものが国民所得に占める割合についてみてみると，その割合は2016年には約43％になる。

　近年，わが国の政府は大きな財政赤字を出している。財政赤字は国債の発行により一時的に先延ばしできるが，いずれは国民の税金によって返済しなければならない。同様に，(c)国税と地方税と社会保障負担に財政赤字を加えたものが国民所得に占める割合についてみてみると，その割合は2016年には約50％であるが，今後，高齢化が進み福祉関連の支出が増える傾向があることを考えれば，この値が増加する可能性は高い。

　一方，一部の事業についてはその歳出は特定の財源でまかなうように定められており，このような事業は一般会計に含めるより独立した収支計画を立てたほうが便利である。そこで，国の予算は一般会計だけでなく，(d)ある事業に対して受益者負担の原則により独立して処理される会計がつくられている。近年，この会計のあり方が見直され，その統廃合が進められているので，どのように推移していくのかをみていくことも必要である。

問1．下線部(a)を何というか，次のなかから正しいものを一つ選びなさい。
　ア．養老保険　　イ．社会保険　　ウ．損害保険

問2．下線部(b)の理由として，次のなかから最も適切なものを一つ選びなさい。
　ア．制度間によって給付格差があったので，その格差を小さくするため。
　イ．制度間によって保険料が異なっていたので，保険料を全員無料にするため。
　ウ．制度間によって減免の条件が異なっていたので，その格差を小さくするため。

問3．下線部(c)を何というか，次のなかから正しいものを一つ選びなさい。
　ア．国民負担率　　イ．法定準備率　　ウ．潜在的な国民負担率

問4．本文の主旨から，下線部(d)に記された会計を何というか，漢字4文字で正しい用語を記入しなさい。

次の文章を読み，問いに答えなさい。

　2019年10月にわが国の政府は，消費税増税を２年半先送りしてきたなかで，消費税率を８％から10％に引き上げた。また，食料品や新聞など特定の品目は消費税率を８％に据え置く軽減税率を導入した。

　政府は消費税以外にもさまざまな税を徴収しているので，ここでは，税の機能や役割についてみてみる。税収は政府の歳出をまかなうものだが，税の機能はそれだけではない。所得格差を小さくする機能をもつ累進税や，(a)人々の消費行動を誘導する効果をもつ税もある。

　税は，所得税・法人税などの直接税と，消費税・印紙税などの間接税の二つに分類される。代表的な直接税である所得税は，税率を累進的にできるため，強い所得再分配効果を持たせることができ，特定の商品にかける間接税に比べて市場をゆがめることも少ないという特徴がある。そのためわが国では，1949年のシャウプ税制勧告以来，所得税が重視されてきた。

　しかし，所得税の制度が正しく機能するためには，政府が国民一人ひとりの所得を正確に把握している必要がある。一般的に，給与所得者の所得は正しく把握できるが，そうでない者もいる。そのため，所得税のみを重視した税制には，(b)同じ所得であれば職業にかかわらず同じ税を負担すべきだとする考え方を保ちづらいという欠点がある。

　高齢化が進む今後のわが国においては，所得税のみを重視する税制では，十分な税収が得られない可能性がある。このような理由により，1989年に消費税が導入されて以来，(c)昨今のわが国の直接税と間接税の税収の比率（直間比率）の見直しが議論されるようになった。

　また，財政赤字削減に向けて新たな財源が検討されるなか，法人税率は一貫して減少傾向にある。このことは，国際化が進展した現状で，法人税を上げればわが国の企業が低い税率を求めて海外に移転し，わが国の産業が空洞化することを恐れてのものである。

　このように，税収は政府の歳出をまかなうものであるので，政府は厳しい経済状況のなか，財政赤字削減に向けて財源の確保を考えていかなければならない。

問１． 下線部(a)の例として，次のなかから最も適切なものを一つ選びなさい。

　ア．たばこ税　　イ．相続税　　ウ．住民税

問２． 本文の主旨から，下線部(b)を何というか，漢字３文字を補って正しい用語を完成させなさい。

問３． 下線部(c)のわが国における状況として，次のなかから適切なものを一つ選びなさい。

　ア．わが国の国税と地方税を合わせた直間比率は，直接税が約３割，間接税約７割の比率である。

　イ．わが国の国税と地方税を合わせた直間比率は，直接税が約５割，間接税約５割の比率である。

　ウ．わが国の国税と地方税を合わせた直間比率は，直接税が約７割，間接税約３割の比率である。

[14] 次の文章を読み，問いに答えなさい。

　資金の借り手は，将来の返済を約束した証書を発行する。これを貸し手からみたものが金融資産である。金融資産には現金・銀行預金・債券・株式などがある。

　個人が資産を形成するにあたり，ある一つの種類の金融資産のみを増やしていくとどうなるだろうか。もし，その金融資産の価値が低下したら資産の形成は難しくなってしまう。そうならないようにするためにはどうすればよいのか，ここでは個人の資産の形成について考えてみる。

　貸し手にとっては，(a)資金を多様な金融資産にどのように振り分けるか選択することが重要な問題となる。金融資産を保有すれば，利子や配当が得られ，その価値が上がることによって収益が得られる場合がある。その一方で，保有した資産の価値が下がり，借り手が倒産することによって資金が返済されないリスクもある。収益とリスクは金融資産ごとにさまざまであるが，(b)金融資産には確定的ではないもののある傾向がみられるということを意識しておくことが資産を管理するうえで重要である。

　下図は，家計の資産構成に関する日米比較である。下図を分析することで，(c)金融資産に対する日米の考え方の傾向を知ることができる。

　経済状況を踏まえながら，今後も適切な資産の形成をしていくことが重要である。

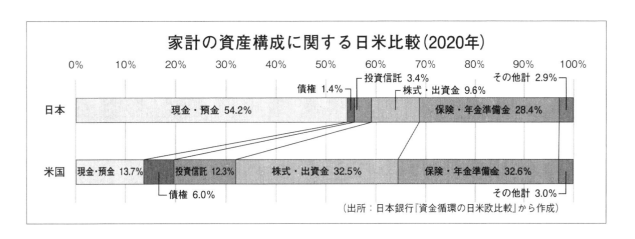

（出所：日本銀行『資金循環の日米欧比較』から作成）

問１．下線部(a)を何というか，カタカナ７文字を補って正しい用語を完成させなさい。

問２．下線部(b)の説明として，次のなかから適切なものを一つ選びなさい。
　ア．収益性の高い金融資産はリスクが小さく，収益性の低い金融資産はリスクが大きくなる。
　イ．収益性の高い金融資産はリスクが大きく，収益性の低い金融資産はリスクが小さくなる。
　ウ．収益性の高い金融資産も，収益性の低い金融資産もリスクは変化しない。

問３．下線部(c)の説明として，次のなかから最も適切なものを一つ選びなさい。
　ア．わが国の家計は，金融資産に占める現金・預金の割合が大きいという特徴があるが，米国の家計は，わが国に比べ債権・投資信託・株式の割合が小さいという特徴がある。
　イ．わが国の家計は，金融資産に占める現金・預金の割合が小さいという特徴があるが，米国の家計は，わが国に比べ債権・投資信託・株式の割合が大きいという特徴がある。
　ウ．わが国の家計は，金融資産に占める現金・預金の割合が大きいという特徴があるが，米国の家計は，わが国に比べ債権・投資信託・株式の割合が大きいという特徴がある。

第37回（令和4年度）
商業経済検定試験問題
〔ビジネス経済A〕

解答上の注意

1．この問題のページはp.88からp.101までです。

2．解答はすべて別紙解答用紙（p.111）に記入し
なさい。

3．文字または数字で記入するもの以外はすべて
記号で答えなさい。

4．計算用具などの持ち込みはできません。

5．制限時間は50分です。

※　試験終了後，問題用紙も回収します。

1 次の文章を読み，問いに答えなさい。

　　自宅にある不用な財を買い取り店舗に持っていくと，その場で査定をして現金で買い取ってくれるリユース市場が活況である。捨ててしまうよりは少しでもお金になり，また必要としている人に再利用してもらえる方がよいと考える人が多く，昨今は百貨店も参入している例がある。

　　また，家にある不用な財に自ら価格を付け，それを必要とする第三者に販売できる便利なフリーマーケットアプリがある。簡単に登録ができ，また個別に価格交渉に応じられることや，手軽に売買が完結できることから，このアプリの利用者は増えている。一人暮らしをしている社会人のAも利用者の一人である。このアプリでは，(a)資源配分メカニズムとして早い者勝ちという先着順が一般的である。これは不用な財を短時間で処分するのに適したしくみの一つといえる。

　　その一方で希少な価値をもつ財は，オークションのように，(b)分けようとする財に価格をつけ，需要と供給のバランスが一致するところで配分を実行するしくみによって取引されることが多い。

　　さまざまな資源配分メカニズムがあるなかで，(c)オークションには効率的な資源配分を実現させるという長所がある。

　　さて，社会人にとって3月は異動の時期でもある。会社から転勤を命ぜられたAは，4月までの限られた時間のなかで，(d)引っ越しの費用を抑えつつ，不用な家財や洋服などを処分することを考えている。

　　Aは計画的に引っ越しの準備をすすめ，リユース市場を活用しながら春から新天地での生活を迎えようとしている。

問1．下線部(a)の説明として，次のなかから適切なものを一つ選びなさい。

　ア．くじ引きで当選した人が財の配分を受けるしくみ

　イ．最初に購入の意思表示をした人が財の配分を受けるしくみ

　ウ．社会的慣習で最も年長の人が財の配分を受けるしくみ

問2．下線部(b)を何というか，7文字で正しい用語を記入しなさい。

問3．下線部(c)の説明として，次のなかから最も適切なものを一つ選びなさい。

　ア．最も資産のある人だけが財の配分を受けられ，独り占めできるという長所がある。

　イ．公平な抽選により誰でもが財の配分を受けられ，平等であるという長所がある。

　ウ．最も高い価値を見出している人が財の配分を受けられ，無駄がないという長所がある。

問4．本文の主旨から，下線部(d)に対するAの行動として，次のなかから最も適切なものを一つ選びなさい。

　ア．着なくなった洋服を，買い取り店舗への持ち込みやフリーマーケットアプリへ出品する。

　イ．海外旅行で買った貴重なアロハシャツを，オークションへ出品する。

　ウ．使わなくなった家電品を，粗大ごみ回収センターに持ち込んで廃棄する。

2 次の文章を読み，問いに答えなさい。

　2022年2月，家庭用ゲーム機を製造・販売しているA社は，自社のゲーム機の世界販売台数が1億台を超えたと発表した。このゲーム機は，小型画面を備えた携帯型ゲーム機でありながら，テレビにつなぐと据え置き型としても遊べる点に特長がある。ここでは，市場を分類する基準の一つである差別化についてみてみる。

　家庭用ゲーム機の市場は，(a)数社の企業が存在する市場であり，市場に財を供給する企業が少数に限られている不完全競争の状態である。しかし，現在ではインターネットを活用してパソコンやスマートフォンでも遊べるゲームが増えている。ゲームで遊ぶという視点でみると，家庭用ゲーム機の市場は，ゲーム機を提供しない（市場に財を供給しない）企業とも競争しなければいけないのである。このように競争が激しくなっているなかで，A社は(b)差別化競争によって売り上げを伸ばしている。

　また，A社は自社のゲーム機で遊べるゲームソフトの開発も行っている。人気ゲームソフトの一つに，仮想空間である無人島で自由に遊べるゲームがある。このゲームのなかでは，実在する企業がキャンペーン活動を行ったり，オンライン上で同じゲームで遊んでいる他のユーザーと交流したりすることができる。このように，(c)仮想空間を活用する独創的なアイデアが現実化している。

　VR（仮想現実）を活用した近年の技術革新は目を見張るものがあり，「メタバース」と呼ばれるインターネットを介して利用する仮想空間のなかでできることが増えてきている。A社はこれからもゲーム業界のなかで，他社との競争に打ち勝つため，新しいゲーム機，ゲームソフトを開発し続けていくことだろう。

問1．下線部(a)のような市場を何というか，漢字2文字を補って正しい用語を完成させなさい。

問2．下線部(b)の説明として，次のなかから適切なものを一つ選びなさい。
　ア．価格を上げることによって優位性を発揮しようとする企業間競争のこと
　イ．価格を下げることによって優位性を発揮しようとする企業間競争のこと
　ウ．価格以外の点で競争の優位性を発揮しようとする企業間競争のこと

問3．本文の主旨から，下線部(c)の具体例として，次のなかから最も適切なものを一つ選びなさい。
　ア．過疎地では，軽トラックによる移動スーパーが巡回しており，家の近くで買い物ができる。
　イ．ゲームソフト内仮想空間上では，実在する企業が広告宣伝活動を行っている。
　ウ．人材不足の物流業界では，ドローンを使って商品を配達する取り組みを行っている。

3 次の文章を読み，問いに答えなさい。

　ハンバーガーチェーンのA社は巣ごもり需要のファミリー層をターゲットにすることで，コロナ禍にあっても好業績をあげている。

　A社ではハンバーガーとフライドポテト，飲み物のように，(a)たがいに一緒に消費する性質をもつ複数の財がある場合において，一方の財の価格が下がると，もう一方の財の需要が増え，一方の財の価格が上がると，もう一方の財の需要が減るといった関係にある財をセットにしたメニューを用意している。

　A社は，枝豆とトウモロコシを使ったサラダを開発し，テレビコマーシャル（以下，テレビCM）を放映することで(b)消費者の財に対する選好を高めたり，安心でおいしい食事を提供するために，自社のＷｅｂサイトに食材の原産地の紹介や栄養バランスチェックができるページを用意したりして，メニューを選ぶ際に役立ててもらおうとしている。

　これらのA社の取り組みを踏まえて，消費者は(c)限られた予算のなかで，自身の満足度が最大になるように購入する財の種類と量を選択している。また，子どもがいるファミリー層に向けた商品として，おもちゃが付いたセットメニューの提供や，子どもがポテトも欲しがるテレビCMの放映などによる，ついで買いも促されている。

　A社のＷｅｂサイトには持続可能な食材調達という取り組みも紹介されている。コロナ禍にあってもA社が好業績をあげているのは，(d)これらの取り組みにより消費者の需要を高めているからである。

　「ウィズコロナ」という言葉も出てきた昨今は，A社のような需要の変化に対応する企業活動が求められる時代になってきているのである。

問１．下線部(a)を何というか，漢字２文字を補って正しい用語を完成させなさい。

問２．下線部(b)の説明として，次のなかから適切なものを一つ選びなさい。
　ア．消費者のその財に対して使える所得が増えること
　イ．消費者のその財に対する好ましさや順序づけのこと
　ウ．消費者のその財に対する気温や天候の影響のこと

問３．下線部(c)を何というか，次のなかから適切なものを一つ選びなさい。
　ア．最適消費　　　イ．需要法則　　　ウ．所得効果

問４．本文の主旨から，下線部(d)の説明として，次のなかから最も適切なものを一つ選びなさい。
　ア．店頭で並ばなくても財の購入ができるスマートフォン用のアプリを用意し，自社の配達サービスを用いることで巣ごもり需要の顧客に対する取り組みを行っている。
　イ．セットメニューだけでなく時間帯別の特別メニューも用意して，ついで買いを訴求するとともに，消費者一人ひとりの購入価格を上げることで需要を高める取り組みを行っている。
　ウ．自社のＷｅｂサイトに食材の安全性や，バランスのよい食事ができるような情報を掲載したり，子どもが欲しがるセットメニューを用意したりして，需要を高める取り組みを行っている。

4 次の文章を読み，問いに答えなさい。

　企業が財を生産し，販売する供給について，ここでは下図の国産マンゴーとサッカーボールの供給曲線を例に，供給の価格弾力性を考えてみる。

　図におけるそれぞれの供給曲線には(a)供給法則が成り立っている。マンゴー1個とサッカーボール1個の価格がともに4,000円のとき，それぞれの供給量が同じ40万個であるとする。図では両方の財の価格がともに5,000円に値上がりした場合，マンゴーの供給量は45万個に，サッカーボールは60万個にそれぞれ増加したことをあらわしている。

　価格の変化率については両方の財とも25％であるが，マンゴーの供給量の変化率は[　　]に対して，サッカーボールの供給量の変化率は50％となる。

　また，それぞれの(b)供給の価格弾力性は，マンゴーが0.5，サッカーボールは2となる。

　供給の価格弾力性は，生産技術や原材料など，財の生産にかかわるさまざまな条件によって影響を受けるが，財の種類や使用されている単位にまったく影響を受けないため，財の比較に重宝される概念なのである。

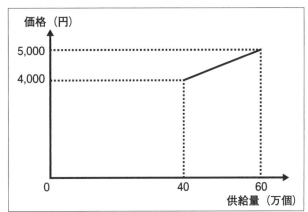

国産マンゴーの価格弾力性　　　　　　　サッカーボールの価格弾力性

問1．下線部(a)の説明として，次のなかから正しいものを一つ選びなさい。
　ア．供給曲線は右上がりとなり，その傾きは正である。
　イ．供給曲線は右下がりとなり，その傾きは負である。
　ウ．供給曲線は一定となり，その傾きは同一である。

問2．文中の[　　]の値として，次のなかから正しいものを一つ選びなさい。
　ア．12.5％　　　イ．25％　　　ウ．50％

問3．下線部(b)の計算式として，次のなかから正しいものを一つ選びなさい。
　ア．$\left|\dfrac{価格の変化率}{供給の変化率}\right|$　　　イ．$\left|\dfrac{需要の変化率}{供給の変化率}\right|$　　　ウ．$\left|\dfrac{供給の変化率}{価格の変化率}\right|$

問4．本文の主旨および図から読み取れることは何か，次のなかから適切なものを一つ選びなさい。
　ア．市場価格が上昇したときに，供給量の増加率が高いのはマンゴーである。
　イ．市場価格が上昇したときに，供給量の増加率が高いのはサッカーボールである。
　ウ．市場価格が上昇したときに，供給量の増加率はサッカーボールもマンゴーも同じである。

⑤ 次の文章を読み，問いに答えなさい。

　完全競争においては，市場の自由な取引により需要と供給がバランスをとり，必ず均衡が達成される。ここでは，下図の完全競争におけるりんご市場のグラフから，均衡状態について考えてみる。

　この図では，市場価格が100円のときに需要量と供給量は100万個で均衡しているが，(a)市場価格が均衡価格である100円より安い80円になったとき需要量と供給量に差が生じた状態になる。しかし，その後市場価格を押し上げる圧力がかかり，価格は上昇して均衡点（E点）で落ち着くのである。

　一方，(b)市場価格が均衡価格である100円より高い120円になったとき，需要量と供給量はグラフから読み取ることができる。このような場合でも，この後市場価格を変化させる圧力がかかり，価格は均衡点に落ち着くことになる。

　このように，(c)完全競争の市場において均衡価格が示されると，各消費者が買いたい量と，各企業が売りたい量は一致し，その価格で取引は成立する。

　市場の自由な取引により需要と供給がバランスをとり，均衡が達成されるこの市場取引は，財の配分方法として理想的であると同時に，圧倒的な力をもっているといっても過言ではない。

完全競争におけるりんご市場の需要供給曲線

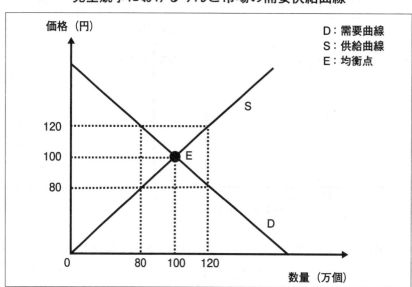

問1．下線部(a)の状態を何というか，漢字2文字を補って正しい用語を完成させなさい。

問2．下線部(b)はどのような状態か，次のなかから適切なものを一つ選びなさい。
　ア．需要量は120万個に増加し，供給量も120万個に増加する。
　イ．需要量は120万個に増加し，供給量は80万個に減少する。
　ウ．需要量は80万個に減少し，供給量は120万個に増加する。

問3．下線部(c)を何というか，次のなかから正しいものを一つ選びなさい。
　ア．競争均衡　　イ．過当競争　　ウ．価格規制

6 次の文章を読み，問いに答えなさい。

　全ての財には，その財を生産する供給者と，その財を必要とする需要者がいる。ここでは市場経済において取引される財と，その供給者，需要者について考えてみる。

　企業が供給者として生産する財を，家計が需要者として消費する市場を生産物市場という。生産物市場で取引される財を生産するためには，(a)土地・資本・労働が必要である。

　このなかの資本と労働は，生産物と同様に市場を通して取引される。資本は原則的には企業が買い手となり，家計が売り手となる資本市場が形成され，家計から供給された財である貯蓄を，企業が需要する財である投資として活用される。これは，企業が銀行から融資を受けて設備投資を行う間接金融が一例としてあげられる。

　また，労働市場では，企業が買い手として労働を需要し，家計が売り手として労働を供給している。私たちが就職して働くことを考えた時に，1日24時間という限られた時間のなかで効率的に働くためには，(b)賃金率が高い仕事を選ぶことだけでなく，働きがいや自分の技能を高めることができることなど，さまざまな要素を考慮することが求められる。

　一方，企業はその規模が大きくなると，内部に多数の労働者を雇用し，必要に応じてさまざまな部署に配置する。(c)労働者の配置は経営者の命令によって行われており，企業の規模が大きくなるにしたがって，非効率性が高まっていくこともある。

　経済協力開発機構（OECD）による2020年の調査では，わが国の平均年収は424万円で，この30年間ほとんど変わっていないというデータがある。グローバル化する世の中で，これからの働き方はどのように変わっていくのだろうか，私たちにとっても，企業にとっても難しい問題である。

問1．下線部(a)を何というか，次のなかから適切なものを一つ選びなさい。
　ア．生産要素　　　イ．経済主体　　　ウ．経世済民

問2．下線部(b)の計算式として，次のなかから正しいものを一つ選びなさい。
　ア．$\dfrac{\text{割増賃金総額}}{\text{労働時間}}$　　　イ．$\dfrac{\text{現金給与総額}}{\text{労働時間}}$　　　ウ．$\dfrac{\text{現物支給総額}}{\text{労働時間}}$

問3．下線部(c)の理由として，次のなかから最も適切なものを一つ選びなさい。
　ア．大規模な組織では，在宅勤務が主流であり，顔を合わせて仕事をすることが少ないため，意思の疎通がうまくいかないことがあるから。
　イ．大規模な組織では，経営者の命令がその場の思いつきで朝令暮改のように変わるので，仕事の内容が定まらないことがあるから。
　ウ．大規模な組織では，そこで働く人々の間の意思疎通がスムーズでなくなり，仕事上必要な連絡に時間がかかることがあるから。

次の文章を読み，問いに答えなさい。

2022年1月27日，わが国の政府はガソリン価格の上昇を抑える対策のために，「燃料油価格激変緩和事業」として補助金を支給した。ここでは税金と補助金について考えてみる。

わが国の政府は，ガソリンの取引に対して税金を課している。ガソリン税は，(a)税を負担する者と税を納める者が異なる税のひとつである。

ガソリン市場における課税とその影響について，下図は交点Eで均衡していたガソリン市場が，1リットルあたり40円の課税により供給曲線がS'に移動することで，均衡点がE'にシフトして均衡量が80万リットルから60万リットルに減少したことをあらわしている。この図からは，課税による影響は消費者が負担するだけでなく，(b)企業が負担している部分も見受けられる。

通常の財であれば，(c)取引が課税や補助金などの規制や介入のない，企業と消費者が自発的に取引できる市場に任せるのがよいと考えられるが，今回は石油元売り企業に補助金を出すことで，経済活動への影響を最小化し，消費者の負担を減らすことを目的としているのである。

政府は2022年10月に，ガス料金や電気料金の負担軽減策を導入することを合意した。次世代が負担することになる財政支出がさらに拡大するが，どこまで支援を行えばよいのか，難しい問題だ。

ガソリン市場における課税とその影響

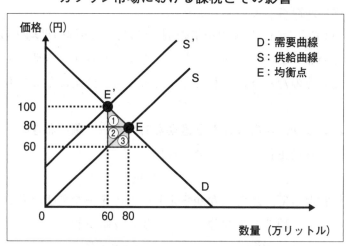

問1．下線部(a)を何というか，次のなかから適切なものを一つ選びなさい。

　ア．目的税　　イ．直接税　　ウ．間接税

問2．下線部(b)は図のどの部分に相当するか，次のなかから適切なものを一つ選びなさい。

　ア．図中の①の部分　　イ．図中の②の部分　　ウ．図中の③の部分

問3．下線部(c)を何というか，次のなかから適切なものを一つ選びなさい。

　ア．自由市場　　イ．金融市場　　ウ．レモンの市場

問4．本文の主旨から，わが国の政府が補助金を出したのはどのような理由が考えられるか，次のなかから最も適切なものを一つ選びなさい。

　ア．ガソリンを使用してもらうことで，ガソリン税を含めた税収が増えると期待したから。

　イ．経済活動への影響を最小限にとどめて，消費者の負担が減ることを期待したから。

　ウ．再生可能エネルギーを使用する車が開発され，ガソリンの利用が減ることを期待したから。

8　次の文章を読み，問いに答えなさい。

　経済活動の活発さを分析するにあたり，分析する対象に応じて経済学は，大きく二つに分けることができる。

　一つ目は，市場を構成する消費者や企業に着目して，それらの動きや市場のしくみについて考える経済学である。これは，経済主体へ焦点をあてているのが特徴である。二つ目は，(a)国の豊かさや政府の役割に着目して，経済社会全体の動きについて考える経済学である。これは，一つ目よりも対象範囲が広いのが特徴である。ここでは，二つ目の経済学の視点について考えることとする。二つ目の経済学の視点が主に着目し，一国全体の経済活動の活発さを測るために欠かせない指標が，ＧＤＰ（国内総生産）である。ＧＤＰを算出する上で注意すべき三つの点がある。

　1点目は，(b)付加価値の合計が，あるものの金額と等しくなるということである。付加価値とは，新たにうみ出された価値のことであり，中間費用が含まれていない。このことをおさえることで付加価値の合計と等しくなるものはわかる。

　2点目は，(c)指標としてのＧＤＰの特性である。これは，ＧＤＰを水に例えるならば，一定の時間内にどれだけの水が流れたか，という流量に相当するものであるということである。ＧＤＰが一定の期間ごとに算出された指標であることを意識しておく必要があるということである。

　3点目は，(d)市場において取引されないものに関してＧＤＰの算出対象とならないということである。ＧＤＰは，貨幣価値に換算されて表現されるため，価格が定まらないものに関しては算出対象外ということになる。

　ＧＤＰを捉える上での注意点を念頭に置いて，経済活動の活発さを測る有用な指標としてＧＤＰを活用するとよい。

問1．下線部(a)に記された経済学を何というか，カタカナ3文字を補って正しい用語を完成させなさい。

問2．下線部(b)に記されたあるものとは何か，次のなかから適切なものを一つ選びなさい。
　ア．利子収入　　　イ．購買力平価　　　ウ．最終生産物

問3．本文の主旨から，下線部(c)の内容として，次のなかから正しいものを一つ選びなさい。
　ア．ＧＤＰはフロー変数に該当する。
　イ．ＧＤＰはストック変数に該当する。
　ウ．ＧＤＰは，状況に応じてフロー変数にもストック変数にもなりえる。

問4．下線部(d)の具体例として，次のなかから適切なものを一つ選びなさい。
　ア．市場調査サービスや配送サービス
　イ．家事労働やボランティア活動
　ウ．工場における製造活動や小売店における販売活動

⑨ 次の文章を読み，問いに答えなさい。

わたしたちが経済活動全体をみた場合，ＧＤＰは主に生産面に着目した指標である。一方，生産面以外からもＧＤＰをみることができる。

例えば，企業の生産額は企業の収入につながり，それは従業員への所得につながる。従業員はその所得で消費を行う。このように，(a)生産物の価値は，経済活動を通じて，家計や企業などの各経済主体を巡っているのである。ここでは，ＧＤＰの三つの側面について詳しくみてみる。

一つ目は，生産面である。これは第一次産業から第三次産業までの生産額や政府サービスの生産額などを合計することで算出できる。基本的には産業ごとの生産額を合計することになる。

二つ目は，分配面である。付加価値の合計は，基本的に従業員の所得や企業の収入となる。具体的には，雇用者報酬に営業余剰と固定資本減耗，(b)生産・輸入品にかかる税を加え，補助金を差し引くことで算出できる。

三つ目は，支出面である。従業員の所得や企業の収入などは，最終的に支出へとつながることになる。支出面のＧＤＰでは，それぞれの経済主体の支出を考えていくことが重要となる。支出面のＧＤＰは，消費に投資を加え，さらに政府支出と純輸出を加えることで算出できる。

このように，ＧＤＰは三つの側面から算出することができる。ここで重要なのは，(c)ＧＤＰは生産，分配，支出という三つの側面から算出することができ，算出した値はすべて同じ金額になるということである。生産，分配，支出はそれぞれ独立したものではなく，互いに関わり合っていることをこの原則は示している。したがって，単に生産額が増加したというニュースであっても，そこから分配面や支出面の増加を想像することができるのである。経済を学んでいるかいないかという違いは，同じ情報に接していても，そこから得られるものの違いへとつながってくるのである。経済を学習する意義を感じてほしい。

問１．下線部(a)を何というか，次のなかから適切なものを一つ選びなさい。
　ア．経済摩擦　　イ．経済循環　　ウ．経済制裁

問２．本文の主旨から，下線部(b)の内容として，次のなかから適切なものを一つ選びなさい。
　ア．生産・輸入品にかかる税とは，例えば所得税が考えられ，そこから個人の所得に応じて税額控除を行うことであり，家計における税負担額を意味している。
　イ．生産・輸入品にかかる税とは，例えば家計における自動車税が考えられ，そこから自家用車の排気量に応じて税額控除を行うことであり，家計における税負担額を意味している。
　ウ．生産・輸入品にかかる税とは，例えば消費税が考えられ，そこから政府が拠出する補助金を差し引くことであり，政府に対する分配を意味している。

問３．下線部(c)を何というか，漢字４文字で正しい用語を記入しなさい。

10　次の文章を読み，問いに答えなさい。

　経済成長のためには実質ＧＤＰの増加が欠かせない。ここでは，どのようにすればわが国の実質ＧＤＰを増加させることができるか，その可能性についてみてみる。

　実質ＧＤＰは総需要と総供給の影響を受ける。しかし，現実の実質ＧＤＰが，長期的に(a)社会全体の供給能力，つまり社会に存在する労働力や資本などが適正に利用された場合に実現できる総生産量から大きく逸脱することはないだろう。そこで，ここでは供給面のうち，わが国にとって克服すべき問題の多い人的資本について考えていくことにする。

　わが国では，少子高齢化により，(b)生産年齢人口が減少傾向にある。生産年齢人口が減少することは，(c)労働供給量の減少につながる。労働参加率を高めることで労働供給量を維持することが可能になるが，少子高齢化による影響を相殺するほどではないと考えられる。したがって，人的資本について考えた場合，社会全体での生産能力の向上はなかなか見込めないということになる。

　この生産能力の限界の問題は，構造的なものであり根深い。したがって，わが国の経済成長のためには，生産能力の向上とは別の観点が必要になる。これが，成長産業への集中投資である。例えば，(d)社会の変化に合致した産業であれば，同じ生産条件であっても高い付加価値をうみ出す場合が多い。

　成長産業への集中投資という視点に立った場合，わが国には世界から注目される高い生産技術や，日本料理，アニメ・マンガなどがある。他にもどのようなものが実質ＧＤＰの増加につながるか，考えてみるとよい。

問1　下線部(a)を何というか，次のなかから適切なものを一つ選びなさい。
　ア．ＧＤＰデフレーター　　イ．潜在ＧＤＰ　　ウ．Ｍ３

問2．下線部(b)の内容として，次のなかから正しいものを一つ選びなさい。
　ア．15歳から64歳までの人口
　イ．18歳から65歳までの人口
　ウ．20歳から70歳までの人口

問3．下線部(c)の内容として，次のなかから適切なものを一つ選びなさい。
　ア．経済全体として提供できる余剰資金の総量
　イ．経済全体として提供できる労働者の総数
　ウ．経済全体として提供できる労働時間の総量

問4．本文の主旨から，下線部(d)の内容として，次のなかから最も適切なものを一つ選びなさい。
　ア．社会の変化に合致しているということは，社会からの必要性が高いことを意味し，それだけ高い価値をうみ出すことにつながるということ。
　イ．社会の変化に合致しているということは，社会からの必要性が低いことを意味し，それだけ高い価値をうみ出すことにつながるということ。
　ウ．社会の変化に合致しているということは，社会からの必要性はないが，特定の業界からの必要性が高いことを意味し，それだけ高い価値をうみ出すことにつながるということ。

第37回検定

11 次の文章を読み，問いに答えなさい。

　さまざまな世界情勢の影響による物価高が，われわれの生活を直撃している。ここでは，物価上昇についてみてみる。

　総需要曲線や総供給曲線のシフトは物価に影響を与える。例えば，市場における物価上昇には，二つの要因が考えられる。一つ目は，(a)プラスの需要ショックによって引き起こされるものである。二つ目は，マイナスの供給ショックによって引き起こされるものである。

　物価上昇の要因を考える上で，事例を扱うとわかりやすい。例えば，(b)第一次オイルショックによって引き起こされた物価上昇の要因は何か考えてみてもよい。その他には，2022年のわが国においてもインフレーションが発生したと言われているが，その背景にはさまざまな要素が考えられる。分析することで勉強になるだろう。

　以上のように，需要面と供給面から物価上昇を分析することができるが，一方で金融政策による物価上昇を指摘する声もある。本来，物価とは商品・サービスと貨幣価値の相対的な関係によって変動するものである。そのため，(c)貨幣価値が減少するような金融政策を行うことによって，物価上昇が引き起こされると考えることもできる。また，長期の物価上昇の背景には，通常マネーストックの持続的拡大があると考えられ，(d)物価変動の要因として，マネーストックの変化を強調する考え方が存在する。

　物価上昇の背景にはさまざまな要素が絡み合っていることが多い。さまざまな要素を考慮に入れながら分析する必要がある。

問1．本文の主旨から，下線部(a)を何というか，次のなかから正しいものを一つ選びなさい。
　ア．ディマンド・プル・インフレーション
　イ．コスト・プッシュ・インフレーション
　ウ．輸入インフレーション

問2．下線部(b)に記された要因として，次のなかから適切なものを一つ選びなさい。
　ア．1950年前後のベビーブームにより引き起こされたプラスの需要ショック
　イ．1979年のイラン革命により引き起こされたマイナスの供給ショック
　ウ．1973年の第四次中東戦争により引き起こされたマイナスの供給ショック

問3．下線部(c)の内容として，次のなかから適切なものを一つ選びなさい。
　ア．日本銀行が，保有する国債や手形などを金融市場で売却することによって，市場における貨幣量を減少させること。
　イ．日本銀行が，金融市場に出回っている国債や手形などを買い上げることで，市場における貨幣量を増加させること。
　ウ．日本銀行が，市中銀行に対する資金の貸し出しの利率を上昇させることによって，市場における貨幣量を減少させること。

問4．下線部(d)を何というか，次のなかから正しいものを一つ選びなさい。
　ア．マネタリー・ベース　　イ．スタグフレーション　　ウ．貨幣数量説

第37回検定

— 98 —

12 次の文章を読み，問いに答えなさい。

　新型コロナウイルス感染症拡大は，政府の役割の重要さを認識させる結果となった。ここでは，政府の役割についてみてみる。

　経済学は，市場について次のように言及している。それは，(a)市場における効率的な資源配分を達成するためのさまざまな前提条件が満たされれば，理想的な市場を実現できるというものである。ところが，実際には市場が効率的な資源配分を行うためのさまざまな前提条件が達成されておらず，市場は必ずしも効率的なものとなっていない。これを市場の失敗という。この市場の失敗を補うため政府が介入する必要があるということである。

　政府の機能には主に三つある。一つ目は資源配分機能である。これは，(b)道路や公園のような，多くの人々が同時に利用することが可能であり，また，料金を支払わずに利用しようとする者を排除することが難しい財を政府が提供するということである。このような財の提供を私企業に任せると，収益の観点から十分な整備がなされない可能性がある。政府が介入することで，国民にとって必要な財が提供されることになる。

　二つ目は所得再分配機能である。これは，市場における競争の結果として生じる所得の格差を小さくすることである。例えば(c)累進税や雇用保険（失業保険）などが挙げられる。

　三つ目は景気安定化機能である。これは，政府が総需要を調節して景気を安定化させるというものである。税制や社会保障制度は，所得再分配機能だけでなく，景気安定化機能も果たしている。(d)景気安定化機能は，景気の変動に従って，税金や社会保障給付の増額や減額が，自動的に実施されるしくみであり，自動安定化装置とも呼ばれる。

　新型コロナウイルス感染症拡大に伴い，わが国でも政府の役割について考えさせられる場面が増えた。期待される政府の役割とは何なのか考えていく必要がある。

問1．下線部(a)の一つとして，次のなかから適切なものを一つ選びなさい。
　ア．市場に参加する売り手と買い手が少数であること
　イ．市場に関する正確な情報をすべての売り手と買い手がもっていること
　ウ．売り手や買い手それぞれが，自分の力で市場価格を変えられること

問2．下線部(b)を何というか，次のなかから適切なものを一つ選びなさい。
　ア．公共財　　イ．消費財　　ウ．知的財産

問3．下線部(c)の内容として，次のなかから正しいものを一つ選びなさい。
　ア．課税所得が小さいほど所得税率が高くなるのが累進税であり，一定の条件を満たした失業者が一定期間，所得の保障を受けられるのが失業保険である。
　イ．課税所得が大きいほど所得税率が高くなるのが累進税であり，一定の条件を満たした失業者が一定期間，所得の保障を受けられるのが失業保険である。
　ウ．課税所得が大きいほど所得税率が高くなるのが累進税であり，一定の条件を満たした失業者が失業中いつでも所得の保障を受けられるのが失業保険である。

問4．下線部(d)に記された自動安定化装置を何というか，カタカナ12文字を補って正しい用語を完成させなさい。

13 次の文章を読み，問いに答えなさい。

　わが国の財政は長らく厳しい状況が続いている。ここでは，国民にとって関心の高い財政についてみてみる。

　下表は，(a)2016年から2020年までの債務残高の国際比較（対ＧＤＰ比）を示している。これをみるとわが国は，ＧＤＰの２倍以上の債務残高を抱えている。税収によって歳出をまかなうのが財政の基本である。しかし，税収で歳出をまかないきれないため，国債の発行によってまかなっているのである。

　わが国では，(b)建設国債を除いて，国債の発行が禁じられてきた。しかし，1975年以降は特例法によって赤字国債を発行することが常態化している。国債発行の問題点は，将来国債費として歳出に計上しなければならないところである。

　令和３年度のわが国の一般会計における歳出において，国債費は22.3％を占めている。このように，(c)国債費が大きくなることにより，他の歳出を圧迫し，新たな政策実現のための財源が確保できなくなるという事態が発生することになる。

　財政の問題は私たちの生活に直結する問題である。経済ニュースに問題意識をもちながら接し，考えていってほしい。

債務残高のわが国と欧米諸国の比較（対ＧＤＰ比）　　　単位：％

暦年／国名		2016年	2017年	2018年	2019年	2020年
	日　　本	236.3	235.0	237.1	237.7	237.6
欧米諸国	アメリカ	106.8	106.8	104.3	106.2	108.0
	カ　ナ　ダ	91.8	90.1	89.9	87.5	85.0
	イギリス	87.9	87.1	86.8	85.6	84.8
	ド　イ　ツ	69.1	65.2	61.7	58.6	55.7
	フランス	98.0	98.4	98.4	99.3	99.2
	イタリア	131.4	131.4	132.2	133.2	133.7

（出所：財務省「財政に関する資料」から作成　2022年５月時点）
注１：数値は一般政府（中央政府，地方政府，社会保障基金を合わせたもの）ベース
注２：日本は2018年から，それ以外の国々は2019年からが推計値

問１．下線部(a)および表から読み取れることとして，次のなかから適切なものを一つ選びなさい。
　ア．欧米諸国のなかで債務残高（対ＧＤＰ比）が最も大きいのはアメリカであり，それよりも約120％以上高いＧＤＰ比債務残高で推移しているのがわが国である。
　イ．欧米諸国のなかで債務残高（対ＧＤＰ比）が最も大きいのはドイツであり，それよりも約150％以上高いＧＤＰ比債務残高で推移しているのがわが国である。
　ウ．欧米諸国のなかで債務残高（対ＧＤＰ比）が最も大きいのはイタリアであり，それよりも約100％以上高いＧＤＰ比債務残高で推移しているのがわが国である。

問２．下線部(b)の発行が認められる例として，次のなかから適切なものを一つ選びなさい。
　ア．道路整備の費用　　イ．海外への援助　　ウ．消費税減税のための財源

問３．下線部(c)を何というか，漢字３文字を補って正しい用語を完成させなさい。

14 次の文章を読み，問いに答えなさい。

　経済環境がめまぐるしく変化するなか，業績が伸び悩む企業が存在する一方，業績を伸ばし続けている企業も存在し，投資対象として注目されている。ここでは資産運用についてみてみる。

　資産運用においては，リスク管理が重要であると言われている。例えば，資金を卵に見立て，一つのかごの中に全部の卵を入れたとする。そのような場合，かごを落としてしまうとすべての卵が割れてしまう。一方，複数のかごを用意し，卵を分散して入れておくことで，たとえ一つのかごを落としても別のかごに入れた卵は守られる。このように，(a)資金を多様な金融資産にどのように振り分けるか選択することが重要な問題となる。

　次に重要なのは，リスクとリターンの関係である。投資においては，リスクをとらなければリターンを得ることができないと言われている。このことを踏まえると，(b)投資ではリスクとリターンには確定的ではないものの一定の傾向を確認することができる。

　さらに，近年さまざまな金融商品がうまれてきている。例えば2008年に世界に大きな影響を与えたリーマンショックはサブプライムローンと呼ばれるリスクの高い住宅ローンの返済金を受け取る権利が証券化されたことに端を発している。(c)証券化において意識すべきなのは，リスクを負うのは誰であるかということである。どのようなしくみで金融商品がつくられているか，そしてどのようなリスクがあるのかを十分に理解しておく必要がある。

　以上のように，資産運用については注意すべき点が多い。しかし，資産運用の学習を通じて長期的な視点に立った資産形成が可能となることを忘れてはならない。

問１．下線部(a)を何というか，次のなかから正しいものを一つ選びなさい。
　ア．ポートフォリオ選択　　イ．逆選択　　ウ．公開市場操作

問２．下線部(b)の説明として，次のなかから適切なものを一つ選びなさい。
　ア．ローリスクの金融資産の運用はハイリターンを得ることができる。
　イ．ハイリスクの金融資産の運用はハイリターンを得ることができる。
　ウ．ハイリスクであるかローリスクであるかは金融資産の運用リターンに何の影響も与えない。

問３．本文の主旨から，下線部(c)の説明として，次のなかから適切なものを一つ選びなさい。
　ア．証券化によるリスクを負うのは証券を販売した者である。
　イ．証券化によるリスクを負うのは証券をうみ出した者である。
　ウ．証券化によるリスクを負うのは証券を購入した者である。

第1回　商業経済検定模擬試験問題

「ビジネス経済Ａ」解答用紙

得　点

	問1	問2	問3	問4	問5	問6	問7
1							

	問1	問2	問3	問4
2	金融			

	問1	問2	問3 A定食	問3 B定食	問4	問5
3	需要の					

※問3はA定食・B定食完答で2点。

	問1	問2	問3
4	万台		

	問1	問2	問3	問4
5				

	問1	問2	問3
6			

	問1	問2	問3
7			

	問1	問2	問3	問4
8			%	%

	問1	問2	問3	問4
9	万　　人			

	問1	問2	問3
10			

	問1	問2	問3
11			

	問1	問2
12	財政の	

	問1	問2
13		

	問1	問2	問3
14			騒動

学校名		学年	年	組	番	名前		総得点	

第2回　商業経済検定模擬試験問題
「ビジネス経済Ａ」解答用紙

得　点

1 | 問1 | 問2 |

2 | 問1 | 問2 | 問3 | 問4 ... 財 |

3 | 問1 | 問2 ... 競争 | 問3 | 問4 |

4　問1・2

P：価格
Q_D：需要量
Q_S：供給量
黒線：需要曲線D
赤線：供給曲線S

P軸目盛：240, 210, 180, 150, 120, 90, 60, 30
Q_D・Q_S軸目盛：0, 40, 80, 120, 160, 200, 240, 280, 320

問3 ... 円

5 | 問1　需要の | 問2 ... 個 | 問3 |

6 | 問1 | 問2 | 問3 | 問4 |

7 | 問1 ... 制度 | 問2 ... 万錠 |

8 | 問1 | 問2 | 問3 | 問4 |

9 | 問1 | 問2 | 問3 |

10 | 問1 | 問2 |

11 | 問1 | 問2 | 問3 | 問4 |

12 | 問1 | 問2 | 問3 |

13 | 問1 | 問2 | 問3 | 問4 | 問5 |

14 | 問1 | 問2 | 問3 | 問4 | 問5 | 問6 | 問7 |

| 学校名 | 学年　　年　組　　番　名前 | 総得点 |

「ビジネス経済A」解答用紙

得　点

1	問1	問2	問3

2	問

3	問

4	問1	問2	問3	問4	問5	問6	問7	問8

	問9				問10
国民所得の （GDPの）					

5	問1	問2	問3	問4	問5	問6	問7	問8	問9
				個		個			

6	問1	問2	問3
	万トン	万トン	

7	問1	問2	問3	問4			問5	問6
				③	④	⑤		

8	問1	問2	問3

※問4は③・④・⑤完答で2点。

9	問1	問2	問3	問4	問5
					信用

10	問1	問2	問3	
				選択

	問4	問5	問6	問7	問8	問9

学校名		学年	年	組	番	名前

総得点

「ビジネス経済Ａ」解答用紙

得　点

1	問1		問2	問3	問4

2	問1	問2	問3

3	問1	問2（　　の法則）	問3

4	問1	問2	問3	問4

5	問1	問2	問3	問4

6	問1	問2	問3

7	問1（情報の　　）	問2	問3	問4

8	問1	問2	問3

9	問1	問2	問3	問4

10	問1	問2	問3	問4

11	問1	問2	問3（　　日付）	問4

12	問1	問2	問3	問4

13	問1	問2（　　公平性）	問3

14	問1（　　選択）	問2	問3

学校名		学年　　年　組　番	名前		総得点	

第37回　商業経済検定試験

「ビジネス経済Ａ」解答用紙

得　点

1	問1	問2	問3	問4

2	問1 市場	問2	問3

3	問1 財	問2	問3	問4

4	問1	問2	問3	問4

5	問1 超過	問2	問3

6	問1	問2	問3

7	問1	問2	問3	問4

8	問1 経済学	問2	問3	問4

9	問1	問2	問3

10	問1	問2	問3	問4

11	問1	問2	問3	問4

12	問1	問2	問3	問4

13	問1	問2	問3 財政の

14	問1	問2	問3

学校名		学年	年	組	番	名前	

総得点